我
思

敢于运用你的理智

唯识学乃佛学中最精细、最系统的学说。"唯"乃"不离"之意，万法唯识即万法不离意识，其对意识结构及由意识所构造的世界之剖析，可以说是对宇宙和人生给出了最彻底且理性的解释。

唯识学在近现代中国的思想潮流中发挥了重要的作用。近现代的大学者大多重视唯识学，并借助其理论来构建自己的思想体系。如章太炎的得意之作《〈齐物论〉释》，以唯识学的义理来解《齐物论》；熊十力的代表作《新唯识论》，以批判唯识学来建立自己的新儒学。

唯识学与西方的科学、心理学和哲学等最易沟通。面对近代以来的西学大量传入，思想界高举唯识学的旗帜，正是因为唯识学思辨、理性、逻辑、系统的特征可与西学有效对话。而20世纪西方哲学中最有生命力的"现象学"，与唯识学更是达到了理论共鸣。

鉴于唯识学本身的理论透彻性、其在历史上的重大影响及在当代社会中的理论生命力，我们特策划此"唯识学丛书"，相关图书将陆续分批出版。

唯识学丛书

太虚唯识论著精选集

太虚　著

长江出版传媒　崇文书局

图书在版编目（CIP）数据

太虚唯识论著精选集 / 太虚著 . —武汉：崇文书局，2021.9
（唯识学丛书）
ISBN 978-7-5403-6392-5

Ⅰ . ① 太⋯　Ⅱ . ① 太⋯　Ⅲ . ① 唯识论－文集　Ⅳ . ① B946.3-53

中国版本图书馆 CIP 数据核字（2021）第 145996 号

2015 年湖北省学术著作出版专项资金资助项目

我
思

敢于运用你的理智

太虚唯识论著精选集

出 版 人　韩　敏
出　品　崇文书局人文学术编辑部・我思
策 划 人　梅文辉（mwh902@163.com）
责任编辑　梅文辉
装帧设计　甘淑媛
出版发行　长江出版传媒　崇文书局
地　址　武汉市雄楚大街 268 号 C 座 11 层
电　话　(027)87680797　邮政编码　430070
印　刷　武汉市金港彩印有限公司
开　本　880mm×1230mm　1/32
印　张　6.5
字　数　145 千
版　次　2021 年 9 月第 1 版
印　次　2021 年 9 月第 1 次印刷
定　价　78.00 元

（读者服务电话：027-87679738）

目　录

新的唯识论

一、新的唯识论发端

"山中十日西湖别,堤上桃花红欲然。"乃吾清明日从净梵院赴弥勒院,在湖中泛一叶扁舟,舟次偶然流露于吟咏者。夫桃花之红,莫知其始,山外之湖,湖上之堤,物皆位之有素。且吾非一朝一夕之吾,居乎山,游乎湖,玩春色之明媚,弄波影而荡漾,今岂初度?然人境交接,会逢其适,不自禁新气象之环感,新意思之勃生也!夫唯识论亦何新之有?然为欧美人及中国人思想学术之新交易、新倾向上种种需求所推荡催动,崭然濯然发露其精光于现代思潮之顶点;若桃花忽焉红遍堤上,湖山全景因是一新,能不谓之新唯识论乎?兹略述新义如下:

甲、为新近思想学术所需求故

近代科学之进步,不徒器物著非常之成绩,且神教既全失其依据,而哲学中之所包容者,亦渐次一一裂为科学,仅存形而上学为哲学留一余地。复经认识论之反究,怀疑到形而上学之终不可知,辄知之亦非有如何效果,直置于不成问题不须解决之列,于是哲学亦降为科学原理之总和,附庸科学而已。然最近人间世之脊脊大乱，或归罪科学，或谓非科学之罪，罪由误用科学。然误用之故安在？如何而得不误用科学？既非科学所能答，则科学亦几乎全为无意义无目的无价值之事。近人若罗素者，殆将谓科学亦依据迷信发生，全去迷信，科学自身且难可成立。科学其尚有何种希望乎？夫神教与哲学，次第为科学所穷，卒之科学亦掣襟露肘，穷无以达。正犹专制君主，立宪君主，皆为民主政治所催陷；而民主仍无以治平，致心海茫茫，莫知奚届！然则吾人处此，其拨诸玄远学理专以目前人众生活之效用为事，若詹姆士辈实际主义者之所为乎？则人众生活能存在否，亦早为所疑，夫又安能依之为质信乎？然则其认形而上学，有"可然"当是，但不得执为"就是"诚然，若罗素之新实在论乎？则有"可然""当是"之实在云者，特予人以自由探试之希望，非能指示皇惑中流无所措其手足者以方针也！然则其拨弃推理概念之方法，谓本体唯可由直觉而得若柏格森之所论乎？然异生于我法二执俱生而有，故凭直觉亦非可保信之方法也。夫在思想学术之趋势上，既欲求一如何能善用科学，而不为科学迷误之真自由法；继之又有非将一切根本问题，得一究竟解决不可之倾向，展转逼近到真的唯识论边，有"山穷水尽疑无路，柳暗花明又一村"之概。而唯识论遂为新近思想学术上最要之需求也！

乙、用新近之思想学术以阐明故

夫唯识学之书亦多矣，种种说法，各适其宜。第对于新近思想学术界中所待解决之疑难，虽大理从同，但人心趋向之形势既殊，顺应之方法随变。而捍格者尤在乎名句文义之时代迁化，今昔差异，故非用现代人心中所流行之活文学，以为表显唯识学真精神之新工具，则虽有唯识论可供思想学术界之需求，令得绝处逢生，再造文明，然不能应化于现代之思想学术潮流，而使其真精神之活现乎人间世，则犹未足为适应现代思潮之新的唯识论也。盖新的唯识论，即真的唯识论之应化身也。从真起应，全应是真，虽真应一宗，而时义之大，贵在应化。此诚鸿伟之业，吾亦聊尽其粗疏棉薄之力，为智者之前驱而已。

丙、非割据之西洋唯心论故

然与唯物论对立之唯心论，互相非斥，在西洋之思想学术界中，盖由来久矣。言之成理，持之有故，而卒不能有所成就者，则有近代之主观唯心论与客观唯心论是也。虽然，此皆未明今是之所谓心者。割据心之变现行相之一片一段，而不能明证心真，将曰唯心，心之本真愈晦；则晦昧之空即缘之而自蔽，如梦、如幻、如影之前尘虚妄想相转纷杂凌乱而莫得其明净。今是之唯识论者，乃适反其所趣，将使妙心圆显，德用齐彰，如理如量，无取无舍，不与彼几经破碎崩溃之西洋唯心论同途共道。故今兹之唯识论出现，非唯物论与唯心论之循环往复，而实为世界思潮总汇中所别开出之一时雨之新化。

丁、非武断之古代悬想论故

古代之思想家，根据其理性中之所要求者，常用种种悬想凭虚构造，而武断为人生唯一之实在如何若何，宇宙唯一之实在如何若何，人生宇宙究竟之唯一实在如何若何。一生二，二生三，三生万物。太极生两仪，两仪生四象，四象生八卦。耶和华肇造万有，主宰群生，绝对无外，无始无终。神我与冥性合，生觉、生我慢、生五唯、生五大、生十一根，所生诸法归还自性，则神我离冥性而自在。此皆古人之所驰骛，但有名言，都无实义。今此绝对排除一切虚拟之悬想，妄执之武断；抉当前之心境，成系统之理论。重现证，贵实验，而又有其现证实验之方法。一念相应，全体圆湛，活活泼泼，无所留碍。而一切言句文语，皆若空中鸟迹，无堪执捉。转得山河大地归自己，转得自己归山河大地，夫而后乃能转科学而不为科学转；圆成大用，与科学始终相成相用，故为新的唯识论也。

曾为之论曰："唯识宗学，实为大乘之始。自海西科学之功盛，以其所宗依者在乎唯物论也，遂畏闻大乘唯识之名；抑若一言大乘唯识，即挟神权幻术俱至。不知大乘唯识论之成立，先曾经过小乘之有论、空论等，及大乘之空宗，将邪僻唯神论之常见，与邪僻唯物论之断见，同日摧荡清理，乃开大乘唯识中道。故竺乾当日大乘唯识论之所缘起，正以胜论之多元或二元论等，天神泛神及数论之神我论等，顺世论之四大极微唯物论等，小乘之有论、空论等，大乘之空宗等，探究玄奥，观慧微密，皆极一时之盛。迫于人智之要求所不能自已，大乘唯识论乃应运兴起。且彼时虽有小乘之正论，徒高超世表而不能普救群生，与今日虽有科学所宗依之近真唯物论，徒严饰地球而不能获人道之安乐，亦恰相同。故唯识宗学，不但与唯物科学关通綦切，正可因唯物科学大发达之时阐明唯识宗学，抑亟须阐明唯识宗学以救唯物科学之穷耳。"夫然，亦可见新的唯识论之所以为新的唯识论矣。

唯者何义？识者何指？识何以可唯？唯何以为识？唯者，是非余义，是不违义，是无外义，是无别义，是不离义。识者，指识自身，指其相应，指其所变，指其分理，指其实性。识非可唯，识之体相亦无得故；唯必为识，现实之法皆在识故。

二、宇宙的人生的唯识论

客曰：今现见有天地人物，非现实之法乎？切近言之，则吾人必有生命之存在与个性之存在；广远言之，则宇宙必有自然之存在与本体之存在。此能抹煞为非现实之法乎？或虽现实而唯是识乎？故知谓"现实诸法唯是识"者，其义不然。

论曰：客以天地人物为现实者，岂非因现见是有乎？

客曰：然！

论曰：设能证明现见中实无天地人物，则天地人物岂非非现实之法乎？

客曰：现见中分明有天地人物，又岂能证明其实无？

论曰：客今认现见中有现实之天地人物，非同现见此掌中之橘乎？

客曰：以近例远，以小例大，其为现见之现实则无异。

论曰：客今现见之橘，非即圜然而黄之形色乎？

客曰：然！

论曰：若圜然黄者即为橘，则镜中圜然而黄之影，与画中圜然而黄之像，亦为橘乎？

客曰：不然！现实之橘有香，有味，有触，故异镜影、画像。

论曰：但今现见者，唯是圜然而黄之形色，彼香、味、触皆现所不能见，可知现见者与镜影、画像相同。而橘固非现见中之所有；现见中既无橘，可知橘非现实之法；橘既如是，天地人物不如是乎？

客曰：然则认现可见、闻、嗅、尝、觉的色、声、香、味、触所依持之个体为橘如何？

论曰：客所谓个体者，亦能证明而出之欤？现见者形色，现闻者音声，乃至现觉者坚脆、干湿、冷热、轻动等触尘。且是等皆随现行之见、嗅、尝、触，秒秒转变，忽忽转变，弹指非故，无可追执。而客所谓之个体者，果安在哉？

客曰：在此一处现有可见、嗅、尝、觉之色、香、味、触和集续存，可持可取，可藏可弃，是即吾所谓之个体。

论曰：处体空无，一数假现。由见、嗅、尝、觉之色、香、味、触和合续连乃有此一个，非由有此一个乃有见、嗅、尝、觉之色、香、味、触和合续连。故持取藏弃者，亦只是见、嗅、尝、触之色、香、味、触和合续连耳，非有他也。正犹结合多人前灭后生相续成为一个军团，岂离开结合相续之多人能别有一个实体存在哉！

客曰：我今但认色、香、味、触之和续相，以为现有之实，则又何如？

论曰：既唯和合续连之相，则一朝解散，即消灭无所存在。且除色、香、味、触本无他有，岂能认之为实有哉！

客曰：如此，则现可见、闻、嗅、尝、觉之色、声、香、味、触，必为实有；此既实有，亦非唯识，以此即是物故，即是物之所集生故。

论曰：客将谓现见中真有见、闻、嗅、尝、觉之色、声、香、味、触可得乎？即如今见圜然而黄，圜然之形，依附黄色而现，为黄色之分位，非现见之所见，现见唯是黄色耳。但今离却圜形，亦无黄色可指，以无形限则无边际，无边际故亦无方所，天与地平，山与泽齐。圜形既可寄种种色而现，黄色亦可带种种形而显。如画中景，无注突而似有注突；如镜中影，无远近而似有远近；此皆现见所无，乃由意识在现见中营构增益而起，而现见中仅存泯同虚空之黄色耳。

客曰：此空空之黄色，其必为现见中之现实乎？

论曰：黄色一名，涵义周遍，通摄宇宙一切黄色。即今灼然明见，自有分齐。就橘言之，见此一方面而不见彼一方面，见表面一层而不见里面多层。若少分见可名为见，则多分不见岂不亦可名为不见乎？故知黄色亦非现见中有；盖黄色之有，乃由先有一黄色之心，与种种非色非黄色之心相仗托而彰显。实唯诸心相感相应，转似现所见法而已。而在离言内证之现实中，唯是平等真觉，实无一相一名之可安立。现所见色如是，现所闻、嗅、尝、觉之声、香、味、触亦复如是。一橘如是，无数天地人物亦复如是。故知现实诸法，定皆唯识。

客曰：此在物象虽则如是。若吾人者，有生命、有情性、有意思，能自主、能自动、能自觉者也，岂亦无性命之实乎？

论曰：生命者，即是由先业将心行支配作一期人生之分限力；此一期人生之分限力完了时，又有他种强硕之业代起，再支配心行作他种生命，此便为生命之相续不断。情性者，即执持生命元为自己，由自己之见所发挥之力。意思，即是根据生命情性所需要之识别造作。所谓自我、个性、人格、意志、性命、灵魂等等，皆可知矣。然有与身俱生自然成者：一、为情性审持生命根元为自我等，常相续而无间断者；二、为意思认取物质精神，或综合或析别之相为自我等，虽相续而有间断者。二皆任运而起，由无始来虚妄熏习内因力生，非修正观久久克治，难可除灭。若一般人之性命及意志，非单用理论所能空却也。复有因言语传受分别谬误成者：一、为闻谬说质、力、理、气等认取为自我等；二、为闻谬说个性、主体等认取为自我等。二皆计度而起，兼由群俗中习惯力助生，从名理中究竟研穷，即能彻悟不迷。若天神教所说灵魂，理论征诘，即知无有。此皆自无实体，乃由心心所所变诸法和续转似之幻相，故皆唯识。

客曰：人亦依宇宙自然律生存之一，而此宇宙之自然律及宇宙原始要终之实体乃存在不存在、真实不真实、是有不是有、一切分判之总根本。此若空无，则一切分判将全失依据，是唯识不是唯识亦应无可说。故宇宙自然律及宇宙实体，必应离识而实有。

论曰：客云宇宙自然律者，非指万有生化流转之理势欤？

客曰：然！

论曰：诸物及人之万有，既为唯识所转变，况依万有所现起生化流转之理势？譬如已知水之非有，而却认由水而起之流动相为实有；又如人类不存，而却认社会国家为实在，宁非谬甚！故自然律离识实有，无有是处。

客曰：幻必有真，假必有实，宇宙万有则尽幻矣假矣，而岂无本元的究极的实体哉？既有实体，即非唯识。

论曰：宇宙实体，孰知其有？无所证知而认为有，则成独断，无可置论。且彼实体，究为何状？若都无状，应即是无！无，则即是都无实体；若有可状，其状安在？

若在万有，既为万有之一，何得为万有之实体？若不在万有，则成非有，如何复得执为实体？故执宇宙本体离识实有，无有是处。

客曰：然则现前种种物类，生存变化自成仪则，各各个实流行转动，岂无根极？且彼无边空间，无尽时间，复因何有？

论曰：此因一切有情众生无始虚妄熏习内因力故，意根任运常时相续观生化元阿赖耶识，分别物类执为法体；或由意识缘取识心变现诸相，任运种种分别贪著，若客此所问者是也。而在现世或缘虚妄言说谬误分别，于诸法相法性妄生计度，若天神教所说上帝造宇宙等是也。此皆诸识所缘，唯识所现，心外实无，识内似有，故知一切唯识。

客曰：然在人世及佛经中，各说人类、兽类、动物、生物，及凡夫、圣人、异生、诸佛等；又说固体、液体、气体、元子、电子、精子等，及地、水、火、风、空、时等，若云唯识，此依何说？

论曰：此诸名相，皆由明了分别之识，转动变似能取见及所取相之二分。又因无始物我分别熏习之力，依此能取见及所取相之二分，转似种种众生及世间相。依识所变，随识所缘，假施设为人类、兽类，乃至地、水、火、风、空等。如人睡梦，以睡梦力，梦心转现种种境相，似有自他、物我之类，不知者妄执为离梦心外之所实有。此则但随妄情假为施设，都无实事。若知由睡梦心转变而现似，不同妄情之所计而随顺说之者，此则虽有其事，究非其实。人等地等乃依梦心假立，唯如幻有，梦心乃人等地等所依体，亦真实有。识为一切众生一切世界之所依故，一切众生一切世界为识之所变故，是故众生世界皆唯是识。如有颂云：

由假说我法，有种种相转，彼依识所变。

三、分析的经验的观察的系统的唯识论

客曰：众生无量，世界无边，今日皆依识变，彼识差别凡几，有何特殊功能？

论曰：能变之识，约分三类：一者，生化体识；二者，意志性识；三者，了别境识。合之则成二种能变：一、因能变，属生化体识中之流注化能力与生命化能力。其流注化能力，由意志性识与了别境识，熏习生化体识令得生长。其生命化能力，由了别境识有杂染善恶性业，熏习生化体识令得生长。二、果能变，由前二种熏习功力，转诸识生，变诸相现。谓流注化能力以为因缘，种种识相差别而生，名曰流注化果，因相、果相等相似故。又生命化能力以为助缘，招生命体识酬报"引受生命体"之先业力，招了别境识酬报"满足生命体"之先业力。前者名真生命体，后者名生命体生。二者俱名生命化果，果性、因性不相似故。识为众生世界所依，识为众生世界能变，大义若此。

客曰：如何名为了别境识，识有几种？

论曰：照了别别境界事相，最为粗浅明显，故曰了别境识。约有二种：一者，依色根识；二者，依意根识。

客曰：如何名为依色根识，识复几种？

论曰：依各自净色根为不共增上缘发生之识，故名依色根识。别有五种：一者，眼识，以感觉照了青、黄、赤、白等别别诸显色，或兼感觉照了显色上长、短、方、圆、大、小、远、近、明、暗、空、塞、屈、伸、往、来别别诸形、表等色，为自身及行状。二者，耳识，以感觉照了别别音声为自身及行状。三者，鼻识，以感觉照了别别香臭为自身及行状。四者，舌识，以感觉照了别别滋味为自身及行状。五者，身识，以感觉照了坚、湿、暖、轻别别碍触为自身及行状。是故此五个识，亦得名为色识、声识、香识、味识、触识。有此五种别别感觉照了之时，同时同处及有此所别别感觉照了之色、声、香、味、触。了，所了相，俱依识自身上转变起故。诸有情者于五识，或完全有，或完全无，或复不完全有，然唯五种为定。

客曰：此五种识，其随顺和合而转之属性如何？

论曰：盲昧之警发，冥合之感应，领略之觉受，规摹之想象，动变之思力，此其属性之普遍著明者。他若欲望与信、惭、愧及贪、瞋、痴等等皆得有之。于感觉照了别别诸色、声、香、味、触时，细心观察，便能获知。

客曰：此五识所照了别别诸色、声、香、味、触，究是如何境况？

论曰：譬如镜光照了显现镜像，镜像显现即是镜光照了，镜光照了即是镜像显现。光像各各亲冥自相，非是语言文字所可到着及可表示，乃是现证现实性境。内外、彼此、自他、物我等等对待所起假相，及依和合连续所变似人、牛、木、石等假相，于感觉中此皆无有，故此亦名感觉唯识。

客曰：此五识所了实境，无对待假相及和合、连续假相者，则诸假相属于何境，为何识之所了？

论曰：此诸假相属带质境及独影境，为依意根识之所了。

客曰：如何名为依意根识？

论曰：依意志性识为不共增上缘根而得发生之识，故名依意根识。以了知计度分别一切实境、带质境、独影境种种诸法为自身行相，故亦名为法识。

客曰：此识如何了实性境？

论曰：一者，谓与前之五识同于初一刹那时间，依前五识感觉照了于色、声、香、味、触一一离言自相。二者，谓于离去散动昏乱，精一静明定慧所持心境。三者，谓全脱离计度分别，契会一切法真如性。此则即是转此依意根识成妙观察智矣。

客曰：此识如何了带质境？且又何为名带质境？

论曰：此识有殊胜功，具广大用，能于一切所有境界，周遍计度分别执取。内依意根及诸心不相应行法（名、数、时、方、同、异等等），过去所了行相名义，又常连合想念现前。因此依前五识所同觉照之色、声、香、味、触，一刹那间即转流入单独依意根识界中，变为一个一个实实在在之和合连续相。自他、人我、内外、彼此、一多、方圆、大小、远近，畛域毕足，封界完固，互相对待，安立名物；太阳、大地、群动、繁殖，莫非依意根识所了似带质境。何义名为似带质境？此中诸物似乎皆含带有前五识所了色、声、香、味、触；其实前五识所了色、声、香、味、触各住自相，与此了无交涉。此乃全由依意根识自家一边所生反映之影而已，故曰似带质境。更有由此依意根识所了其余诸现行识及识属性心等，由此识与彼所了诸识心相照中间所成心影，其影不但由此识生，亦由彼所了诸识心相对生起，故名真带质境。

客曰：此识如何了独影境？且又何为名独影境？

论曰：此由依意根识能用名言义相凭空捏造无有之境，及依想念推忆过去，悬观未来等境，故能完全脱离现实心境，而分别计度乎唯独虚影之境。一者，观想此地无有或此时无有或此中无有，而为宇宙所有之境。如十二月所想蛙声之类，名有质独影境。二者，若依马角、蛇毛等名或创造宇宙之上帝等名，由名所起想像之境而为毕竟无有之境，名无质独影境。此独影境，若细判别，义类繁多，兹姑从略。

客曰：此依意根识之特征，其即在于能了别计度带质、独影二境乎？

论曰：如是，因似带质与独影，唯属此识之境也。不宁惟是，盖诸识唯此识功用最宏，入定慧境及证真如法性，亦为此识特殊胜能。其依前五识觉了色、声、香、味、触，大致同前五识。然不先知有前五识，于此亦难知及。故世人只知有此依意根识者，皆昧昧然而不能知有真现量。然此一刹那间之真现量，虽偶进露，鲜能印定，遂仍即流转入带质、独影之意言界；故此非由定慧证会真如法性，莫得相应。然不能成就定慧契悟真如者，即由此识恒时流转驰逐于带质、独影之境故；迷唯识理，欲从心外寻求伺察推观计执不能已者，亦全因此。故唯识学第一步，当首先了解此中之似带质、独影诸境，唯是意言，绝无实物。故此亦名意言唯识。此意言唯识观得到亲切显明之际，即能真觉得世间同做梦一般。

客曰：此依意根识相随顺和合起之属性，较前五识如何？

论曰：此识之属性心，转化变易，尤极深广繁速。其普遍著明者可无论矣，他若欲望、胜解、忆念、静定、明慧等特别境界心，又若信、惭、愧、无贪、无瞋、无痴、精进、轻安、不放逸、行舍、大悲等净善性心，又若贪、瞋、痴、慢、疑、恶见等扰浊杂染性心，又若忿、恨、覆、恼、嫉、悭、诳、谄、害、憍、无惭、无愧、掉举、昏沉、不信、懈怠、放逸、失念、散乱、不正知等染恶性心，又若寻求、伺察、懊悔、睡眠等不定性心；在诸时处，展转联带，分合生灭，飘忽难辨。而寻求、伺察之二心，功力尤伟，世间所流行之思想学术，要皆依此二心生起。此等诸属性心，须动静语默间刹那刹那反观内察，方可如看电影一般，明晰几微。

客曰：然则此之六种了别境识，其作善恶性业者，又如何？

论曰：此则征之其属性心即可了知，由依意根识表现为身之行动、口之语言，带信等诸属性心现起时，则作净善性业；带忿等诸属性心现起时，则作染恶性业；单带警发、欲望、寻求等属性心起时，则作善恶无可记别之业。但在生死流转位中之有情类，大都不离贪、瞋、痴、慢等属性心俱时现起，故皆是有所覆蔽夹杂染污之心行。必到契会真如，反照破意志性识时，乃能成就纯全净善心行，此则非复因袭的而属于创造的矣。

客曰：其于感受苦乐者，又如何？

论曰：感觉时之心境或相符顺，适悦身心则乐；或相乖违，逼迫身心则苦；或无符顺乖违之可区别，则领苦乐俱舍中容性受。此六了别境识，于此苦、乐及舍三受，随时变换，皆得有之。但苦、乐受，各有二种。苦受二种：一苦，二忧。乐受二种：一乐，二喜。苦乐但属现在，忧喜兼及过、未。前之五识，但有苦、乐、舍受；依意根识，则有苦、乐、忧、喜、舍受。细心内观，不难审知。

客曰：虽复明此了别境识，所了实性、带质、独影境相。即如前之五识同第六识感觉照了色、声、香、味、触、法，因何必于此

时此处乃有如此如彼色、声、香、味、触之感觉？或于彼时彼处则
无如彼如此色、声、香、味、触之感觉？且依意根识中亦常有时有
处乃有如彼如此种种和合、连续、对待之相，有时有处则无如彼
如此种种和合、连续、对待之相。而此种种色、声、香、味、触、法，与
和合、连续、对待之相，此时此处则可与多数人同有如此如彼种
种觉了识别，异时异处则又与多数人同无如彼如此种种觉了识
别。若非离识之外别有为发生此等觉了识别之因者，如此种种差
别之法，以何得成？

论曰：客亦尝作梦乎？梦中所觉了识别之境物，当在梦未醒
时，梦为春日则亦但有桃花而无荷花，梦为沙漠则亦但有荒野而
无豆麦，梦为家人离聚则亦各有悲欢涕笑，梦为男女交会则亦可
有损遗精血之事。此诸梦境，亦皆宛转成就，如有自然规律，岂
亦离梦心外别有所存在乎？然至醒时，叩之心内梦境犹能历
历，若欲于自心外求其何所存在，岂能丝毫得有？梦既若是，醒
亦应尔。

客曰：此虽能明梦境不离梦心，然彼梦心亦与梦境和合、连
续、共同现起，合而谓之曰梦。而此梦者，其有虽幻，要非无所
因藉而有。若其有所因藉，则离梦之外，既有起梦之本因；离识
之外，岂无起识之本因软？理既相齐，疑犹待决。

论曰：梦依心有，梦不离心，心虽不必为梦，且可永远离绝
其梦。心正梦时，心亦不能离去梦心而别有心。梦境、梦心依梦
而现，梦依本心而有。欲知梦依本心而有，是故当说生化体识。

客曰：如何名为生化体识？

论曰：此识广大含容，深幽玄微，观察难到，默认必有。约
言其义：一者，曰含藏识，谓能容受意志性识、了别境识种种熏

修练习功力，悉皆包藏在内。若非一度经过使用化为他种功力，则必无有消失，此其为能藏者一也。又甚昧弱虚柔，无有自觉自决之能，每遇前一生命已失后一生命未得之间，辄为潜藏其中之前六识所造善恶业力，忽然突起引之趣得一种生命；用其为生命体而为之决定其生命，使其屈伏韬藏在彼业力所决定之生命之内。才出前一生命，便入后一生命，常被系缚隐藏，丝毫不得自由，此其为所藏者二也。又复被意志性识所爱注执着，占据作"自我体"，运前六识种种造作变化行相悉皆纳藏其内，此其为我爱执藏者三也。此含藏识，虽有三义，要以我爱执藏之义为主。二者，曰生体识，即前所藏者识之义。盖生命虽非由其决定，而为生命之主体者，实在此识，所谓"真生命体"是也。三者，曰种元识，即前能藏者识之义。由此识体所本具之种种能力，及由前之七识所熏习在此识中之种种功力，即为能各各差别互互连带发生诸心法。心相应法、心变现法、心不相应行法之本因种元者是也。此中我爱执藏之义可得离却，我爱执藏离却，生命主体之义渐渐亦可离却，犹之心可离却于睡梦也。种元功能依体之义，则无始无终而常在，故此亦名"依持本识"。离却我爱执藏、生命主体之后，此识亦名"清净无垢心识"。若能知此"生化种元功能依持本识"，则于来问便应可知。

客曰：此识中于一切现有法之种元功能，事究如何？

论曰：此含多义，略为分别：一者，刹那刹那变灭，前灭后生，有胜功力，不是凝住死定无用之法。二者，要与现有行相之果同时同处俱有，譬如血胞与吾肉身俱有，而彼血胞即为吾此肉身种元。三者，随所依识恒常转变，自类功能引续不断，故必依持本识。四者，性用决定，是何种元功能，必但生何现行果相，如土但成土器，不成金玉之器。五者，要待众多助缘，乃能生起现行果相，如谷种要待水、土、风、日等缘，乃能生禾稻。此诸种元功能势力，能直接亲自生自类现行果相，则为生因。势限未尽，能引摄残存之现行果相使不顿绝，则为引因。草木等种子，皆但能为胜助缘，非亲能生草木之真因本；其真因本即诸质力原素，而诸质力原素，即由无量有情共同业行熏习本识之所生长。依此以观诸识所缘，唯识所现之理，不更明乎！

客曰：此中所云熏习之义，究又如何？

论曰：熏习须有能熏习及所熏习乃成就。其所熏习，须有永久之性，平等之性，自在之性，虚容之性，及有与彼能熏习者，同时同处不即不离之和合性。据此故知唯"生化体识"乃能为所熏习者。其能熏习，须有生灭无常之性，力用胜盛之性，能作增减之性，及有与彼所熏习者，同时同处不即不离之和合性。据此故知唯余诸识及其属性心乃能为能熏习者。熏习之事，譬如室本无香，一度然香，香已然灭，室中犹余香气。亦如我手曾习写字，虽不写时，习成写字功能依然存在。依此熏习之事，故令余识与此识互相为因果，谓此识之种元功能亲生余识，余识亦复熏习生长此识种元功能。可知识之生起，不须另有因藉之法，乃此识余识相互因藉生起耳。

客曰：生化体识了别行相，及所了别境相，大致如何？

论曰：此识所了别者，亦是现实性境。约为三种：一者，带过失之种元功力，谓依差别相及显彼相境义之名言种种分别熏习功力。二者，依共业成熟力所变成之器宇世界。此二种境，皆由此识领以为境，持令不坏。三者，依不共业之成熟力，变成自身净色五根及根依处。净色五根，略同近人所发明之神经细胞。根依处，即血肉之眼耳鼻舌身。此则不但领以为境，持令不坏，亦复摄为自体，令生觉受，安危与共，生命相连。此中器界根身，有四种别：一、为共之相分种业变成，有情命者无直接所可依资之界宇是也。二、为共不共之相分种业变成，有情命者所依资占有之地域，及随类不同各成受用之境界是也。三、为不共共之相分种业变成，若浮尘粗色根依处，亦能互相为受用之他身是也。四、为不共之相分种业变成，各各神经细胞之净色根是也。凡是皆依"流注化"套上一重"生命化"所成之果。此之种业、根身、器界，皆此识变现了别之相分。了别此相者，则为见分。相分、见分皆依识起，识之当体曰自证分，识之本来性曰证自证分。有人用掌自量其腹，掌为能量，譬如见分。腹为所量，譬如相分。人即为自证分，掌、腹皆不离人。量过之后，虽复已息能量、所量之用，然以人故仍知腹之纵长、横广所量掌数，量之效果不至虚弃。然使其人本来不知纵横、广长数量多少之义，人虽由掌量腹，仍不能存在腹有几掌之量果，故须有其人本来知有数量之心为证自证分。因何今知数量？本来知数量故。因何知本来知数量？今得知数量故。此之二种互为所量、能量及能量果，故不更须有第五分。此之四分心成，约量果义安立。约体用义，合证自证以为自证，安立三分：自证为体，见、相为用。约能所义，合证自证、自证为见，安立二分：见为能缘虑，相为所缘虑。约一心义，所见无故能见亦无，能所亡故唯是一心，无可安立。今此人生之根身，宇宙之器界，及根身器界之种元，既皆是此识之相分，为此识之自证分所变及见分所了，故此亦名宇宙人生的本体之唯识论也。

客曰：此识之属性心，与业性、受用及生化相如何？

论曰：此识行相既甚深隐，故其属性之心，亦极单微。但为普遍之感应心、警发心、觉受心、想象心、思力心而已。此识与属性心，悉皆非善非恶，虽有过患而无覆蔽。无苦无乐，无忧无喜，平平常常，窈窈冥冥。果生因灭，因灭果生，因果一时，果因同处，长流滔空，不断不住。万有与识非一非异，识与万有不即不离，故唯此识为万有之生化元也。

客曰：此识恒时流转，生灭相续，识与诸种元之现行，还应等同识与种元，以何乃有万有差别而与此识非一非即？

论曰：此识昧劣，无审决力，随识功能杂乱而起。起时即从"意志性识种元"俱起意志性识，由意志性识固执此为内自我体，故此之我爱执藏识与"意志性识"乃互依俱有。以无始来有各各意志性识故，此识亦成各各我爱执藏。内既自成根身，外亦共变植矿。一生一生熏习在此识中，成一种生命化功力，用为增上助缘，能使之受种种差别生命；而万有差别所以然之故，即是意志性识。

客曰：如何名为意志性识？

论曰：意者，思量之义；志者，恒审之义。此识思量最胜，且唯此识能有恒审思量；有思量恒审性之识，故曰意志性识。了别境识之了别性最胜，生化体识之集起性最胜，意志性识之恒审思量性最胜。随胜立名，故名意志，非谓全无了别。此识不但依生化体识中此识种元而得生起，亦复依托现行生化体识为不共增上缘，犹如眼识之依眼根，亦如依意根识之依意志性识为根。而此识既依生化体识自证分为根，随逐流转而无间断，亦即审了生化体识见分为境，此境即所审执为内自我真体者也。乃为以心取心中间所生真带质境，恒思审量，不相离舍。故随我爱执藏识感受为何种生命体时，即系缚于何种之生命体。所谓了除生死，即由明了彼生命乃由此识固执生化体识成我爱执藏而有，遂开通解放此识而不为固执，因之即得解脱"分段生命之系缚"也。然至彼时，犹与"执法自性之见"相应，至证平等性圆满时，乃得完全开放都无所执，永与平等性智相应。恒审思量二无我真如性及余诸法，是为清净圆明意志性识，能随无边世界无量众生根性差别，示现种种佛化。

客曰：此识之属性心如何？

论曰：若至究竟觉地，诸识平等，皆唯感应、警发、觉受、想象、思力、愿欲、胜解、记念、寂定、明慧、信、惭、愧、无贪、无瞋、无痴、精进、不放逸、轻安、行舍、大悲，共二十一种属性心。无始时来在迷妄中，则此识除警发等五心皆有外，而以我痴、我见、我爱、我慢四种根本上之覆蔽，扰动浑浊昏昧杂乱染污心行，为此识极重要之属性心。我痴，即不明本心体法无实自性及命无实自我之真如理者是也。我见，则倒之固执为法有实自性及命有实自我也。一迷一执，遂成差别诸法、差别诸命彼此自他之界。更加我爱，随我见深贪著所执之我，集中扩充。复由我慢恃所执我，抗表高举，因是执益坚固，迷妄颠倒而不能已，生死流转而不能息。故此亦名万有唯识。而昏沉、掉举、不信、懈怠、放逸、忘念、散乱、邪知、审慧之九种心，与痴见等有共同关系故，亦常俱之同起。依此可见此识实为覆蔽之本，然因但向内心，深着专执，不能造作或善或恶粗显之业，故此识乃为有覆无记之性质。其感受亦无忧、喜、苦、乐之可分别也。

客曰：然则合计众识数乃有八，依色根识之类凡五，而依意根识与意志性识、生化体识各为一类，识之数类其有决定性乎？其互相依托而现起，亦有系统否乎？

论曰：八识皆从依持本识而为转变，无始时来我爱执藏识与意志性识恒转俱有，未始间断。前五依色根识，则因须待光、空、尘、根等缘乃能现起；其依本识，犹如波涛依水，若无风缘即便停止。而意志性识之挟我爱执藏识而起，譬如大海暴流；依意根识依之而常现起，如由暴流所起之浪，除生无想天，入无想定、灭尽定，及睡眠、闷绝，乃无不现起之时间。于此当知一切有情众生，最少必有二识恒时现起，我爱执藏识与意志性识是也。依上二识更与依意根识俱起，则有三识同转。依上三识更与眼、耳、鼻、舌、身识随一乃至随五俱起，则有四识乃至八识同转。夫亦可以见其相依现起之系统欤。至识之类数有否决定性，分别其类随义无定。考核识体，原始要终决唯有八。此依隐劣显胜之相唯识，乃属道理世俗谛义；若依胜义谛说，则一犹非有，何有乎八哉！盖唯识即无执无得，若执唯识为有所得，则亦同乎法执而已。如有颂曰：

此能变唯三：谓异熟，思量，及了别境识。

初阿赖耶识，异熟，一切种。不可知：执受，处，了。常与触、作意、受、想、思相应；唯舍受。是无覆无记，触等亦如是。恒转如暴流，阿罗汉位舍。

次第二能变，是识名末那。依彼转缘彼，思量为性相。四烦恼常俱：谓我痴，我见，并我慢，我爱，及余触等俱。有覆无记摄，随所生所系。阿罗汉，灭定，出世道无有。

次第三能变，差别有六种，了境为性相。善、不善、俱非。此心所：遍行，别境，善，烦恼，随烦恼，不定。皆三受相应。初遍行触等。次别境谓：欲，胜解，念，定，慧，所缘事不同。善谓：信，惭，愧，无贪等三根，勤，安，不放逸，行舍，及不害。烦恼谓：贪，瞋，痴，慢，疑，恶见。随烦恼谓：忿，恨，覆，恼，嫉，悭，诳，谄，与害，憍，无惭，及无愧，掉举，与昏沉，不信，并懈怠，放逸，及失念，散乱，不正知。不定谓：悔，眠；寻，伺，二各二。

依止根本识，五识随缘现，或俱或不俱，如涛波依水。意识常现起，除生无想天，及无心二定，睡眠，与闷绝。

四、转化的变现的缘起的生活的唯识论

客曰：今虽已知诸识行相，然仍未了宇宙人生皆依识变，一切唯识。

论曰：前述八个识及诸属性心，以内持种因力与俱现众缘力，融和绵延，流转兴起。起即同时、同事，一分变为能了别之心见，一分化为所了别之心相；无有无心相之心见，亦无无心见之心相，离此之外更无他有。故诸不生灭法及生灭法，相用实法，分理假法，一切不离心故一切唯识。唯者何义？谓无离此心识外之法也。复次，由能了别心见周遍计度，分析执取，将所了别心相转变为似在心外之活动影戏境，即所谓众生世界之人生宇宙是也，其实则唯在心见之迁化流动而已。在识非无，离识非有，非有非无，故云唯识。

客曰：若境物皆由识心转变而有者，例如窗前桃花，何不由心识化现于室内，何不由心识开放于冬日，今必此时此处乃能有之，则为心外实有其境，非唯心识之所转变，明矣！且今此桃花者，予心所变，汝应不睹。汝心所变，予应不睹。予之所睹即汝所睹，可知此桃花非予心所变；汝之所睹即予所睹，可知此桃花非汝心所变。抑予之心若变桃花，如何更见汝及余物？设此桃花由汝心变,如何更见予及余物?由是可知予之及汝,桃花及余人物,皆属心外实有之境,定非唯由识心化现!况夫此诸境物,现有作用可征,室可以居,几可以凭,衣可以暖,食可以饱,又安能例同由识心悬想所成之虚影哉?

论曰:客所难者辩矣!然客不尝梦与二三友人,登孤山作踏雪之游,失足滑倒石上,一惊而醒,身中感隐痛累日耶?

客曰:有之!

论曰:当客梦时,非确认孤山之在西湖、踏雪之为冬日耶?此固由心幻成之梦,而非心外实有之境,然曷尝不有处与时之决定哉!所偕友人,同登共览,梦中之客所见,即梦中客之友所见。且梦中之客见孤山,亦同时见余境及余人物。且客跌令身体于醒后犹有隐痛之效用,夫亦可见由心转变之境,非不能有作用可征,及互互感觉者。凡是既等于由心化现之梦境,则宇宙人生之唯识,明矣!

客曰:理虽如是,其奈分明现证有色质等心外之实境何?

论曰:眼识等五依色根识,各依自识起各各之心见、心相,其明现亲证者,固皆不离自识。当现证时,感觉通泯,心无内外,宁执为外?逮后转入依意根识,妄生分别,乃执之为外境。真现量境,实唯自识心相;但因无始意识名言串习,非色如色,非外如外,现如梦中之境而已。

客曰:若今醒境皆同梦境,何故人皆能知梦境唯心,而不能知醒境唯识?

论曰:梦未醒时,岂知梦境唯心?梦真醒后,亦知醒境唯识。

客曰:若心外之实境都无,识亦何能独有?

论曰:识不独有,但因诸有皆不离识,故曰唯识。然但空妄执心外之境而不空即心之法，因离言正智所证之真唯识性非无也。此非无故，识心续续转变亦复非无，故心外之境虽不有而识不无。

客曰：识既非无，应有他识之可攀取，他识即为吾识识外之境，有此外境，岂云唯识？

论曰：虽有他识，而亲切所缘者，还唯自识转变之相，第间接亦依他识为本质而已。然今此新的唯识论，亦可谓之多元的唯识论。正智契证真唯识性，言思绝故，非一非多。就如幻之唯识相言：非以一识故名唯识，乃总摄乎无量无数有情众生各有八个识体，及识随应诸属性心，与此识心所转变之心见、心相，识心所变种种分理界位，并此诸法离相所显如实真性，统谓之唯识也。谓之唯者，非以其一，但否认虚妄分别者所执离识之实境耳。彼诸识之含融感应，缘起无尽，由束缚而解脱，由杂污而纯净，由偏缺而圆满，由粗恶而妙善，皆此心识活泼无住、浩荡无际之法界海流也。

客曰：若唯内识，都无心外实境以为依托，宇宙人生等皆由心见之虚妄分别而现，然此种种分别皆何自生起乎？

论曰：持种元识有无量数各能亲生自果之差别功力，续续生起流注化果，生命化果，作用化果，增盛化果。从生起位一转一转迁变至成熟位，一类绵延不断，转不一转，变不一变；其转化变现而起者，又互相扶助为缘力，展转通和，作诸分别。一切心见、心相，不外分别及所分别；此种种等一切分别，依本识之种元力，及现行诸识等扶助力，即得生起，固不须更有心外之实境为依托也。

客曰：然则此中缘生之理，因果之义，又如何欤？

论曰：义趣繁深，兹难具述。约说四缘生法，略见端倪：一者，因缘，谓有生灭作用之法，亲举自身，转成自果，喻如谷种转成谷芽，乃为本因生法之缘。此为三类：甲、本识中种元生八识诸属性心见相等现行法，此属同时因果，如动力与波澜。乙、本识中种元间接生为本识中种元，此属异时因果，如前动力与后动力。丙、前七识诸属性心见相等转变起现行时，熏入本识生为自类种元，此亦同时因果，如垂灭之波澜与续起之动力。唯此三类为本因生法之主缘。二者，等无间缘，此若同一依处，必前一波澜灭下而后一波澜乃得生起，即以前一波澜灭下为后一波澜生起之助缘是也。三者，所缘缘，乃能分别见所虑所托之所分别相，此有二类：甲、亲所缘缘，能了别心皆有，即于能了别心见带有所了别心相，而为心见所托之以生起，心见心相两不相离者是。乙、疏所缘缘，能了别心或有或无，虽为心见所了别所仗托，而此心相不与心见同依一识而密符者是也。此所缘缘乃如各各波澜别别形相。四、增盛缘，此指除前三种，有余有胜势力，能为顺益及为违害之法，若眼根、耳根等，若男根、女根等，若命根、意根等，事类繁多，难具陈说，如一个波澜与有关系之各各众多波澜是也。此四种缘唯识心全具，其余识内之法，或备三缘、二缘而已。此诸缘力皆不离识，万有生起，外更不须何种缘力，故缘生因果皆唯识所成。

客曰：此在散识及矿物等，或如是耳，而在有情性有生命之人，生死死生，生生死死，各有性命继继绳绳，存存不绝，若非于识心外有实在法为依持者，复何得成？

论曰：若识心外有实法为人之性命，亦岂得成生死恒续！虽然，因意志性识执著生化体识之心见，爱为真自我藏，随缠不舍；发展了别境识，造作善业、恶业、动业、静业、诸杂染业，浸熏本识，成为功能习气，熏习连续。新业成熟，故业毕尽，身命舍离，强业首为创引，众业助为继满，即又取得一生身命。如此前生命舍，后生命取，舍取连绵，生死恒续，尚安用离识心之外实有法以为主持哉！

客曰：此云习气，其义如何？

论曰：诸有情者生死流转，盖由善不善、动不动诸业习气，与能分别取着、所分别取着之二取习气，依附本识绵互调融，积久业就可感后有。换言之，则习气分为三类：一者，名言习气，即一切有生灭作用法各别之种元功能势力，此属前之七识熏在本识中者。二者，我执习气，由意志性识无始虚妄颠倒之幻见，潜率依意根识分别执取我及我所有法，熏在本识成为一类功能势力，令有情等自他差别。三者，有趣习气，是了别境识所造作善、不善杂污业，熏在本识成为一种流转受五趣身命之差别种元。应知此中名言习气，是诸有生灭作用法所由各别之本因力。我执及有趣二习气，是诸有情性有生命、人及众生自他个别、苦乐类别之胜缘力。换言之，即各个各类和合连续之所由成就者是也。又二取习气，即是名言与我执二种习气，皆有相对之能取、所取故。业习气，即有趣习气，创能招感二十五有善趣恶趣之身命故。有业习气招感身命，说之则有十二种流转生化之缘力，唯柏格森所云"宇宙创造转化流动迁变之活本体"，为能近之。无始无始之经过皆存于现在绵绵转起之一念心，无尽无尽之将来亦存于现在绵绵转起之一念心，顺逐之则流转无止，逆解之则圆寂可期，流转圆寂，皆唯在识。如有颂曰：

是诸识转变，分别所分别，由此彼皆无，故一切唯识。

由一切种识，如是如是变，以展转力故，彼彼分别生。

由诸业习气，二取习气俱，前异熟既尽，复生余异热。

五、真理的实性的唯识论

客曰：若一切唯由识心所转变而有，离识心外无实有之法者，则都无决定之真理与圆成之实性，将何所凭证以启信解而树行果乎？

论曰：若识外有实法，固定执碍，亦安从树信解之本、建行果之极哉？然唯识论，非无决定之真理圆成之实性者也，然以真理实性亦不离识，即是识体离言内证之真实法，故真实理性正为唯识耳。

客曰：唯识之真理即实性，如何？

论曰：诸唯识法，总核其共通之理性，约为三义：一、为周遍计度所执著之我我所法，即所谓人生宇宙等物是。此由意志性识，依意根识，于诸识体及属性心转变现之心见、心相，增加一重自他、心物等等刻画所成，体唯诸识心及心见、心相而已。彼周遍计度所种种执著之物我等，实同蛇毛马角，唯有言说，了无体相。亦同眼病所现空华，本来毕竟空寂无体。此以妄执为性，妄情所有，真理所无，了达空无，是其真理。二、为依托众多缘力或虚妄分别习气所生起诸识与属性心、见、相等事；杂污、纯净，譬如病眼、好眼，亦如梦心、觉心。此以缘起为性，妄情所无，真理所有；变相所有，实性所无，了达唯由识心转变之相，是其真理。三、为心空所显圆满成就诸唯识法之真实体，即以真胜为性，妄情所无，真理所有；变相所无，实性所有，是为真实性之真理。由妄情计第二缘起性为生命，第三真胜性为法性，种种执著，非全与空却之，则缘起之真相与圆成之实体，莫由明显。故说此三悉皆空寂，毕竟都无所有。一曰物相空无之性，二曰自然空无之性，三曰我体空无之性。此三空无之理，皆为远离妄情变相，以开显常是如此之真实胜义之唯识性者。故唯识诸法之性理分类，如下：

此中所云虚妄世俗与真实胜义法，各有四重。分列如下：

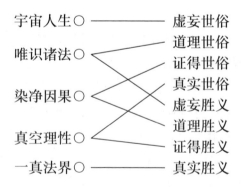

此中虚妄，是应解放应改善者；道理，是当了悟当通达者；证得，是有修行有成功者；真实，是无对待无变异者。随何一法无

不如是，诸法宗主是唯识心；持此通轨，夫亦可以启信解而树行果乎？如有颂云：

> 由彼彼遍计，遍计种种物，此遍计所执，自性无所有。
>
> 依他起自性，分别缘所生，圆成实于彼，常远离前性。
>
> 故此与依他，非异非不异，如无常等性，非不见此彼。
>
> 即依此三性，立彼三无性，故佛密意说，一切法无性。
>
> 初即相无性，次无自然性，后由远离前，所执我法性。
>
> 此诸法胜义，亦即是真如，常如其性故，即唯识实性。

六、悟了的解放的改造的
进化的抉择的唯识论

论曰：依本无漏种内因力，及闻学思量真唯识正理，熏习成种，积久粹熟，于唯识理渐能了悟。了达悟入，转益深切，于应解放应改造者，亦渐解放改造，谓解放悭贪、龉龊、瞋恚、懈怠、散乱、愚暗之六蔽，改造为施济、贤善、安忍、精进、定静、慧明之六度。由向来夹杂错乱染污缺漏罪恶者，而进顺于纯粹适当清净完全美善之真实理性化。以由了悟真唯识理之智为导首故，向开解超脱之大道前进，生生世世唯有进行而无退转，盖于是始有真正之进化；而前此则皆在循回之内，随业流转，系业受报，毫无自主之力、自由之分者也。故求进化者必于是，而求自由者亦必于是也。然是尚在浩茫无极之长途中，随顺唯识之真胜义以解除违唯识性之虚妄，积集顺唯识性之福智资粮耳。真积力久，明慧强盛，欲求实证真唯识性，遂起精严深重之胜加行：断然决然以择灭种种障真唯识性使不得契合之遮蔽，创兴深遍坚切之思考心，以寻求伺察一切法之名、之义、之自性、之差别，毕竟皆是强施设有，随情妄计了无有实。寻思益进，明明确确周遍了知一切法之名、义、自性、差别，真实唯识，离识非有。印持生命空、法

性空、所取空之真胜义，然以犹带变相以观之故，虽以所观观为
唯识真胜义性，尚未安住真唯识理。如有颂云：

乃至未起识，求住唯识性，于二取随眠，犹未能伏灭。

现前立少物，谓是唯识性，以有所得故，非实住唯识。

七、实证的显现的超绝的
胜妙的成功的唯识论

如有颂云：

> 若时于所缘，智都无所得，尔时住唯识，离二取相故。
>
> 无得不思议，是出世间智，舍二粗重故，便证得转依。

八、究竟的唯识论

如有颂云：

　　此即无漏界，不思议善常，安乐解脱身，大牟尼名法。

论曰：于此实证的唯识、究竟的唯识，尚为现代思潮所未能适应之事，亦为今吾觉悟所未能到达之境，照书宣布既嫌空泛，随念分别尤落玄远。然能善悟，则于宇宙的人生的唯识论，早实证之、究竟之矣。故兹但概括之，为尽美的、尽善的、无尽的、常住的、圆融的、安乐的、妙觉的、灵明的、自在的、真实的、不可思议的而已。内容如何，不复究论。（九年三月在杭州作）

（《海潮音》第1卷第5期）

法相唯识学概论

一、法相唯识学之略释

此次所讲为法相唯识学概论，为佛学中重要之学问，其典籍甚多，此次只提此学纲要作简单之研究而已。惟未讲斯学之先，将此法相唯识学之名一审定之。在佛学中有称为法相学者，有称为唯识学者，其内容本同，今合称法相唯识学，有特别之意义在。以近人或谓法相学范围宽大，通于大乘小乘之一分而言，唯识学只属大乘之一分已。余意法相唯识学应合称，小乘不应归入法相学，故以法相唯识学名之也，义详于后。今将法相唯识学一名，以次剖解。

甲、何谓法

法字通常指法律、法则而言，义涉抽象。佛学所用法字，较寻常所谓法律、法则为具体，法字之义，其范围最广，固无论具体、抽象，言论上可以言论，思想上可以思想皆是也。事物之有者，可称为法，即事物之无者，有此"无"之概念，亦可称之为法；分析至极微为法，集聚成具体亦为法；有变化、有作用为法，无变化、无作用亦名为法；乃至龟毛、兔角之毕竟无，亦称为无法也。其范围有广于吾人所谓万物之"物"字者。法之范围既如上述之广，然其定义何在？依佛典言，法有二义，何者为二？一、轨范他解，二、持存自性。如言白色，保持白之自性而存在，是谓法之持存自性义。又能使他人了解其为白而不生他解，是谓法之轨范他解义。前为能保持其自己之体性，后谓使他人了解不生他想耳。白色如是，其他亦然；具此二义，即名为法。

乙、何谓相

相字，在中国字义，通指互相之相（互关义）、宰相之相（辅助义）、相看之相（看察义）三者，今此皆非所取。此间所谓相，乃指相貌之相，义相之相，及体相之相三者，是法相唯识所取义。今先述相貌之相：

1. 相貌之相。平常指由眼识所见之事物而言。然相貌之能了别，不惟眼识已也，眼识之外犹有意识了知存焉。如心不在焉，视而不见，即意识不注，眼见同于不见之故也。由意识与眼识同起作用，所了之长短、广狭之相貌乃生。色尘为眼及意所了，有青、黄、赤、白等之显色，长、短、方、圆等之形色，及行、住、屈、伸等之表色。此三者，皆意识作用存也。

2. 义相之相。意识上所了解之相，曰义相之相。意识所分别、所思维、所判断，皆是义相之相。非前五识（眼、耳、鼻、舌、身识）所能了到，乃意识所取之义相也。详言之，则第六意识及第七意根所取之相也。第七末那识于隐微不知不觉之中取自我之相；其余一切义相，乃意识所取之相。以事实言，凡过去之回忆，未来之推想，名词之假设，文字之记载，无论思想到或知识到，皆可为义相之相。通于第六意识及第七末那识，惟六广七略耳。

3. 体相之相。此间所取，乃关于一种直接觉到之体相；简言之，从实体知觉所到者，较平常所言直觉更为单纯，略当心理学上之感觉。最单纯实体之感觉，曰体相之相。此相适于前五识，不适第六意识，因第六意识可凭空构撰，此相须有实体刺戟才能觉到，如声来才有声觉，味来才有味觉也。然意识与前五识合作所感觉，亦可称体相之相，此中惟加上意识之义相耳。第八识所觉到亦是体相之相，以第八所觉到亦有实体故。

以上被心知所觉到之相，可分三类：一、性境，实有体性之境，即体相之相。二、带质境，带质乃原相加上心理主观之意识作用所取之义相；如眼觉之白，此白之名词，乃意识所取义相之白，非体相之白，乃别于非白之类而言，故意上所觉之义，虽从白之体相而言，然已非体相之相，故谓之带质境。三、独影境，过去之回忆，将来之推想，乃至名词上所施设龟毛、兔角等，凡意识之假想，比拟之影像，皆称为独影境。由上三类，体相之相通于性境。体相之相，既通性境，则佛典中真如、体性、法性，亦包括在体相之内，以真如为根本无分别智所了知故，真如即无相之实体故。义相之相，通带质、独影。相貌之相，则通性境及带质二境。以上所言三相与三境之关系，略如此。

心知之所了知，即所取之相。相字，除以上三种义外，尚有自相、共相、差别相、因相、果相五种。如言钢笔，钢笔之自身为自相；一言钢笔，则一切钢笔都包括在内，此钢笔乃无数钢笔之一，此为共相；又此笔属钢制，凡钢制之笔为同类，非钢制为非同类，从多数之关系上，即显其差别相；明此钢笔如何造成功为因相；从因相推究其结果为果相。凡思想上所能分别皆有五相；西洋论理学之同一律（Law of Identity），矛盾律（Law of Contradiction），因果律（Law of Cause and effect），即通此相之义也。

丙、何谓法相

法义与相义已各明如上，今将法相二字合说。法相者，所知一切法之相貌、义相及体相之谓也。佛典有"能知""所知"二义：所知即是被知，一切法皆为所知，与所知相对为能知，能知谓人类及其他动物心灵之能了知作用。然能知亦为所知，使能知非所知，亦不知其有此能知也。可知能知必为所知，惟所知不定即是能知；其范围之大小，如下图：

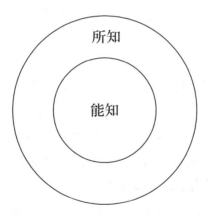

能知为所知之一部分，所知之范围广而能知之范围狭也。如一切法为所知，一切法中一部分心法为能知，同时亦可为所知；如意识上起一刹那之知识，即此了知一刹那之知识为能知，其余皆为所知。所知的知识即能了知之知识，故不离能知，而能知又为所知之一，故能知亦包括在所知也。（如见分缘相分时，即为自证分之所缘，故能知同时即为所知。）知识能知亦所知法之一，故法相包括所知一切法之相貌、义相及体相也。梵言尔焰，译所知义，或境义，即一切法为所知境也。

复次，法又分为五法藏，即名（能诠表种种事物），相（为名所诠表之事物），分别（识能分别），正智（离虚妄分别之能了知），真如（正智所知之法体）。能以五法含摄一切，故以藏名，如四库全书之库。

复次，相又为遍计所执、依他起、圆成实之三性相：一、遍计所执，谓义相中之颠倒虚妄相。二、依他起，依因缘和合所起之相。三、圆成实，谓圆满成就真实不变之体相。

丁、何谓法相唯识

法相谓所知一切法之相貌、义相及体相。一切法无穷无尽，不可胜说，然研究法相唯识学者，最重要、最基本者在百法，世亲《百法明门论》及《大乘五蕴论》等，可寻究参考之。

百法中，第一种为心法，略有八种：一、眼识，二、耳识，三、鼻识，四、舌识，五、身识，六、意识，七、末那识，八、阿赖耶识。

第二种心所有法，又有五类：

一遍行五者：一、作意，二、触，三、受，四、想，五、思。

二别境五者：一、欲，二、念，三、胜解，四、三摩地，五、慧。

三善心所十一者：一、信，二、精进，三、惭，四、愧，五、无贪，六、无瞋，七、无痴，八、轻安，九、不放逸，十、不害，十一、行舍。

四不善心所中，初根本烦恼六者：一、贪，二、瞋，三、痴，四、慢，五、疑，六、恶见。次随烦恼二十者：一、忿，二、恨，三、覆，四、恼，五、悭，六、嫉，七、诳，八、谄，九、害，十、憍，十一、无惭，十二、无愧，十三、昏沉，十四、掉举，十五、不信，十六、懈怠，十七、放逸，十八、失念，十九、散乱，二十、不正知。

五不定心所四者：一、悔，二、眠，三、寻，四、伺。

第三种色法略有十一种：一、眼根，二、耳根，三、鼻根，四、舌根，五、身根，六、色尘，七、声尘，八、香尘，九、味尘，十、触尘，十一、法处所摄色。

第四种心不相应行法：一、得，二、命根，三、众同分，四、异生性，五、无想报，六、无想定，七、灭尽定，八、名身，九、句身，十、文身，十一、生，十二、老，十三、住，十四、无常，十五、流转，十六、定异，十七、相应，十八、势速，十九、次第，二十、方，二十一、时，二十二、数，二十三、和合性，二十四、不和合性。

第五种无为法者：一、虚空无为，二、择灭无为，三、非择灭无为，四、不动无为，五、想受灭无为，六、真如无为。

眼、耳、鼻、舌、身，为五根。色、声、香、味、触，为五境。（触通能所，此指所触。）法处所摄色，为意识所取色，眼等所不能见；如化学上之电子、元子之类，天文家所推想宇宙之属是也。法处所摄色有五：一、极略色，谓分析有质之实色至极微处故名。二、极迥色，谓推测虚空明暗等无质之色，至极远处难为达见者故名。三、定所引色，谓禅定所变现之色、声、香、味等境故名。四、受所引色，又名无表色，谓受戒时动作上言语上受感动而得成故名。五、遍计所执色，谓于意识假想上虚妄计度执为实有故名，如有创造世界之上帝，是其例也。

相应者，谓能与心合作一事。不相应者，即不能与心合作一事也；如康德（Kant）之十二范畴（Categories）及其他范畴皆属之。不相应行法有二十四种，今约说八种以示概略：一、类与非类之性，每类分辨出其特性，如男性、女性、人性、兽性等。二、定与不定之命，此命即命根，谓决定或不决定之命运；如天命之命，墨子非命之命，及佛学之命根法等。三、过现未来之宙，一刹那、一月、一年及将来之时间，依色心刹那展转而假立。四、四方上下之宇，四方上下空间之差别，依形质前后、左右而假立。五、一二三多之数，一十百千乃至阿僧祇之数差别。六、点线面积之量，谓积点成线、积线成面等之量。七、生、异、灭之相，谓诸位由发生而至变动灭尽之相。八、名、句、文之教等，依名句所成之文字，本依声之抑扬、长短、曲直而假立；书本之名、句、文，又依点、画、横、竖等色相而假立。其作用在声色变化上，故属不相应行法。以上皆从略言之耳。

有为法有造作、有变化、有功用，无为法则无造作、无变化、无功用。何谓虚空无为？非眼所见之虚空，亦非人物等可通过之空。以眼所见之空，属色法中之显色，是有为色法故；以通过之空，是有为触法故，变动不居故。此间无为法之虚空，体是常住，无隔别故。何谓真如？真如谓一切法真实如此之体性，普遍如此，常住如此，一切变化皆依此为体，是谓真如。以上五类一切法，总集为百法。一切法不出此百法，以百法统括一切法，惟使所知境有观察之范围耳。今将百法分类列表如下。

今以法相唯识连称，则示一切法（五法、三相等）皆唯识所现。唯，不离义；识，即百法中之八识及五十一心所，其余四十一法亦皆不能离识而存在；以一切法皆唯识所现故，一切法多分受识之影响而变化故。现有二义：一、变现义，如色法等；二、显现义，如真如等。法相示唯识之所现，而唯识所现即一切法相；唯识立法相之所宗，故法相必宗唯识。所现一切法甚广，然所变所现一切法之所归则在唯识，故示宗旨所在，曰法相唯识。法相唯识学，即说明唯识法相之学理理论，凡经论有阐明法相及唯识之义者，皆属之。

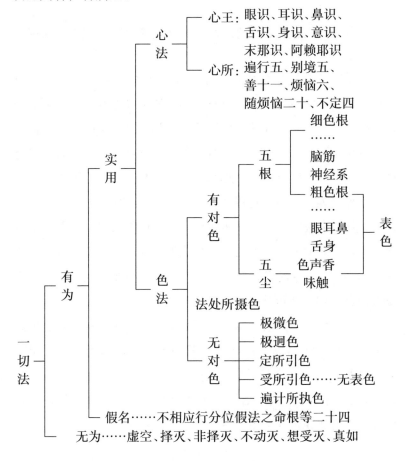

二、法相唯识学之由起

甲、出发于究真之要求者：万有之本因及体质之推究

凡学说之产生必有其因由，固勿论古今中外也。诸佛说法，原应众生之机感为其缘起。自佛典言之，佛之智慧与常人不同，盖诸佛经过长久修证之工夫，已得无上正遍觉知，与世人凭五官感验或意识上所推断之知识，迥异其趣。惟其如此，诸佛对于万有真理实相，于一切时一切处如如证明也。易词而言，佛非创造或主宰世界之人，乃彻底觉悟之人也。惟佛之与佛，更无言说之必要，以所证诸法性相，皆已如如相应故。其所以有种种之言说教化，莫非因众生未得佛智之前，生出遍计之见，或全不觉悟，或觉悟不彻底，欲令同得正觉而说也。可知诸佛非应众生心理上之要求，自无佛之所说法也。

对于现前宇宙之现象人类，皆有求知之欲望，谓对万有现象之由何原因而生，其最后之本质若何？由本质又若何而生出万有？逼吾人以适当之解答，于是宗教、哲学、科学应运而兴。惟此宗教、哲学、科学虽同出推究宇宙万有之由来及其本体，然其解答，则有正谬浅深之殊，兹分三段判之。

1. 迷信之神话与设想之玄谈

欲究宇宙万有之真相，最早则有多神教或一神教之解释。此种神教之解答，只可言仰，不能用思想推论也。神教以万物未有之前，由神自动所创造，宇宙万有即以神为体质。基督教上帝创造万物，印度婆罗门教以大梵天为宇宙万有之因体，乃至中国神话中所谓盘古开辟天地之说皆属之。古代人智浅薄，以神为本体而生万有，自谓满足其宇宙万有说明之要求已。惟自佛法观之，一切法因缘和合而生，皆无主宰，如以上帝为创造万物，则彼上帝复为谁造？如云有造，造则无穷，亦即失主宰义。如云上帝无造而自生，则万物又何须待造耶？于事于理，皆不能通，稍有论理思想，莫不知其为迷信之神话矣。

古代于迷信神话之宗教外，较宗教为进步之解释，尚有设想之玄谈，即哲学是也。在中国有太极、两仪、四象之说，谓阴阳不分之太极，动后即生两仪，继两仪而生四象，继四象而生八卦万物等。老氏以为万物生于有，有生于无，一生二，二生三，三生万物之说，计虚无为宇宙万有之因体。在印度则有数论派（Samkhya system），胜论派（Vaiceshika）等之玄谈。数论，梵云僧佉，此翻为数，即以智慧数数推度诸法之根本立名，从数起论，名为数论。此派计宇宙之根本有二物，纯然为二元论（dualism）：一、为精神之"神我"（Purusa），二、为未现万有差别之无差别之本体的"自性"（Prakriti）。彼解释一切谓：由神我忽生要求，与自性相感而生宇宙万有；欲得解脱，须究明二十五谛之真相，依禅定而止息神我之要求，归还自性不动之状态。其最后之结果，惟神我独存。胜论说明宇宙万有有根本六句义法，即所谓实句义，德句义，业句义，有性句义，同异句义，及和合句义。如云茶杯，此杯之自身即实句义。实句义有地，水，火，风，空，时，方，我，意。杯之坚白，形态，容量，运动等，即德句义。德句义，凡二十四种：一、色，二、味，三、香，四、触，五、数，六、量，七、别体，八、合，九、离，十、彼体，十一、此体，十二、重体，十三、液体，十四、润，十五、声，十六、觉，十七、乐，十八、苦，十九、欲，二十、瞋，二十一、勤勇，二十二、法，二十三、非法，二十四、行。杯之作用，即业句义。业凡有五种：一、取，二、舍，三、屈，四、伸，五、行。茶杯是有非无，但别有一大有能有之而有。有体是实德业三之所共。同是茶杯者为同句义，非茶杯者为异句义。其中又有同中异、异中同。同异体多，实德业三，各有总别之同异。此茶杯为实德业之和合而成，惟别有一能和合者使其和合之，故彼此有不可分离之一种关系（Co-inherence），是名和合义。若实句义九种全备而和合，即成人等有情，以"我""意"为有情精神之特征故；若仅有前七（除我意），则成无情物体。在西洋希腊古哲，有谓宇宙之因体，由水而成，或由火而成，或由空气而成，或由地水火风等而成，略同印度顺世外道四大极微为因体也。以上中西哲学所推究宇宙之因体，虽较宗教中之计有能造之上帝为进一步，惟其依当前之现象，假想种种意像，以追求宇宙之真实，充其所极，仍为设想之种种玄谈而已！于求知真实也何与？

2. 实验之科学与执法之小乘

从事由五官之验证，代设想玄谈之哲学而起者，其实验之科学欤？从法国孔德（Anguste Comte，1798—1857）主张建设哲学于科学之上，谓总合各科学实验之结果，作为哲学推论之基础。彼分社会进化有三阶段：一、宗教阶段，二、玄学阶段，三、实证阶段。今此一阶段以证验支配一切，遇事皆探本穷源，求最后之解决。以为一切知识，皆须实验，必须为眼、耳、鼻、舌等五官所能接触者方为真理。换言之，此实证阶段，不事迷信，不尚玄谈，所有神权思想，皆破除殆尽，于科学明证之外，其余不能为究竟也。今之科学，其方法多据孔氏之言，发挥而光大之耳。所谓科学，即从实际证验状况之如何而叙述之，然后依叙述再加推论以说明其实在。五官验证所不足者，以器械（显微镜、望远镜等）补其未达之处，此从事征验，固科学家之特色也。但其征验，仅依于五官之扩大，虽比玄学较为确实，惟五官所验证，仅能及法之片面之一部一部，后虽可由意识归纳以成为系统之理论，亦从零碎组合而成。对于全部宇宙整个人生之真相，仍不能直接觉知。盖科学原为部分类别之学，或物理、或心理、或生理一部分之现象，故惟得零片之粗相也。

以佛学衡之，科学之实验与小乘之执法颇为相近。小乘对人观察，乃物理"色蕴"，生理心理"受蕴、想蕴"等现象之组合，现象之外，并无整个之自我存焉。而宇宙万有，亦由地质、水质、动力、热力，并加以有情心理活动之业力组合而成之也。小乘说五蕴：一、色蕴，即百法中之色法。二、受蕴，五官与色、声、香、味、触相接触，或受苦，或受乐，或受不苦不乐，略当心理学之感觉，惟此受同时亦是感情，以根境相触为知识之感觉，亦为感情。三、想蕴，从感受境上分出彼此，思想名词由是而立。四、行蕴，行为之行，或道德或不道德所发动皆属之，见之语言意志活动，行蕴关系最切。以上四蕴，皆被知识。五、识蕴，即百法中之心法，惟小乘未见到七、八二识耳。小乘五蕴之色蕴包括色法，受蕴、想蕴惟指五遍行中之受、想，行蕴包括其余心所有法及心不相应行法，识蕴即包括心法等。小乘与大乘虽有出入之处，大部分仍相差不远耳。小乘以为宇宙万有、人生世界，只有法（五蕴等）之存在，犹之科学以为只有心理、生理、物理之现象也。神我、上帝皆为彼等所否认。小乘论条理非常精细，亦如科学之严密，惟科学乃凭五官及器械以证验，小乘乃由戒定所生之智慧，以明宇宙之法；前为恃外之观察，后为从内之观察，此其不同耳。故科学小乘所说略同，而所用方法及其目标则异，二者皆未臻圆满也。

3. 法性之本空与唯识之转依

法性从小乘法作进一步之解释，明万法本性为空，《大般若经》《大智度论》《中论》皆属之。小乘以观法有而显我空，谓五蕴等诸法恒有，于粗相之物体已见其空，于细微之法仍有未明，故于世界上之草木，明由地、水、火、风无数关系条件而成，无自性之可言，而于组成之关系条件犹执以为实。然进一步观察，即一切法中之每一法，亦由众缘之条件而成，如离众缘，则无一切法；此一切法，既皆众缘组合，故自性本空。此理略近最新科学相对论（Theory of relativity），谓一法之现见，皆从相对之关系上而显，凡此时、此处四围之环境及立足之观点，皆与其事物之广、长、厚等密密相关，设其周围之环境或时处观点一变，其事物之本身亦即全异也。如地球绕日而行，以相对之理或增上缘之理而言，不惟日球与地球有密切之关系，实由其他行星、流星等相切相磨而成，故知地球绕日一事，即由迥色之空乃至恒星等，亦无不与此有关者，世人只取其切近而遗其疏远耳。从法性言，小乘固执之法，亦因缘互集之假相，与我之空，了无二致。仅有因缘之聚集，而无因缘所共合之实体；仅有缘成之因缘，而无因缘之自性：此法性本空之义也。

然仅知法性本空，不知法相之唯识义，则众缘所集现之摄持力，何归何与？从此透过法性本空，即彰法相唯识。自性本空，非五蕴等灭却说空，乃从众多因缘法生而无自性以说空。因缘所成法，其自性本空，然非无此众缘集合关系之法相。法相之中，心法及心所有法即所谓识，不但可以被知作为知识对象，并且本身即是能知识。一切所知识之法，即摄持能知识之中，凡此皆心理知识中之现象，非离识外另有色等诸法。所觉知者，则为前六托第八相分为本质尘所变之相分，仍在识内而非外；见托相起，相挟见生，法相皆多分受心理知识影响而变化故。在知识观点强度如何，所知识即现如何，知识强度不同，所彰之现象全异，所有知识之法，皆受识之影响而变动。

法性明一切法从多种因缘所现之相非固定，其自性本空；法相则彰万法依心及心所法如幻如化而建立，不于识外别有他物，故曰法相唯识。法性本空，可破小乘之法执；而法相唯识，又可显法性本空中多种因缘所现之法相非离识而有，皆同为识变故。以法性诠法相，则法相如幻如化，皆成妙用；以法相显法性，则法性本空，其相唯识。性相如如，故推究万有之本因及其体质，至此方理善安立。

乙、出发于存善之要求者：吾人之自我及价值之存在

人之生也，莫不觉有自我，而一切欲望皆从之以生也。然此自我，为随死以俱尽，其性乃暂时欤？抑人身虽死，而自我有不死者存，其性乃无穷欤？苟自我随死以俱尽者，则芸芸众生，寄生霄壤之间，此数十年与草木何异？为善成仁，作恶行诈，其价值何在欤？设非然者，人生死而有不死之自我者存，则彼不死者又何往欤？随此界以升沉欤？入他界而受生欤？如是等者，乃有宗教、哲学、伦理出发于存善动机之由来，古之贤哲笃行其志，或立功，或立德，或立言，觉本身为万有之中心，期精神之充实以永存，此种要求，岂无所恃而然耶？俗语"人死心不死"，即认有自我之价值永存藉以自慰者，要求有最善永存不灭之标准，于是宗教伦理之说起；然其开始，实由神道之说。兹亦分三节言之：

1. 天神之永生与自我之独存

天神之永生与前迷信之神话相一致，此神为无始无终无所不在，而人为神所创造所管领，能将低等性质破除，培植为善之道德，即能与神同其永生。此说一兴，从者如响，盖以为必如是然后自我之价值乃能常存，人心因以大慰。至于自我之独存，古印度数论，即创此说，彼为生死所以循环不息，乃出自我之要求，必假定慧之力，将自我要求息灭，渐能离自性而独存矣。其余耆那教等，亦莫不以自我解脱而独存，为达最高善之目的。以法相之理观之，其托神庇护者，虽可慰暂时之烦恼，以神为唯一之依恃；然其认神权为无上，舍自作自受之理于不顾，已犯世间相违等过。而自我之独存，亦徒为玄想耳。

2. 质散之断灭与生空之解脱

科学谓人生作何事业，留于团体，或可不朽。如将每人个体观察，皆依物理为基础，而此物理之本质，不过化学之十几种原素组合而已。心理依物理为基本，最后则在物质，至于心灵等则死后随质散而断灭。所谓自我、灵魂等等，皆拨为无，自更无所谓永生、独存也。印度之极微论，今世之唯物论，均持是说。但小乘证生空之解脱则在扩充为善之行，非相抵相抗，乃由相依相益，由戒生定，由定发慧，将世人迷有自我的实体破除，明内无我，外无实物，向以物我为实之推求，于焉而息，一切心理活动亦随之而息。得此生空之解脱，表面上虽与质散之断灭似同，然科学不从业力解散，虽计断灭而终非真灭；小乘从生机上断灭，乃真解脱，此其不同也。科学对于善的价值之永存仍未达到，且较小乘犹逊一筹也。

3. 本空之常如与唯识之转依

科学主质散之断灭落于断灭之见，理有未善，固勿论矣。即小乘生空之解脱，执有法之实在，于法性法相之义，亦未契合。法性明万法本空，了无隔碍，常是如此，普遍如此，故曰诸法空相，不生不灭，不增不减。亦无生死苦恼可脱，以万法本空，本无生灭增减故，故曰：本空之常如。诸法之本性虽空，然诸法之现象，仍随因缘之合散而变现；一切法皆依识，故可从识而转之也。凡不圆满之有漏法既依识所变，即此不善不圆满所依之识，改转之使为觉悟而圆满，佛典谓为转识成智，则达善之价值永存之极则矣。

三、法相唯识学之成立

由前出发于究真及存善之二重要求,可知法相唯识成立有二动机,在此动机中,即法相唯识学产生之原因也。法相唯识学之能否成立,当更考察其理由是否充足,有无事实之证明,与可得相当之效果否。然与唯识类似之说,不能不先一辨之,即各种之唯心论是也。各种唯心论,虽各言之成理,持之有故,惟有许多问题不能解决,而卒不能有所成就。故兹先将其余唯心论不成立之故一阐明之,然后始能彰法相唯识学之成立也。中国向来对于唯心论,少有系统理论,以先哲曾言之太极之说等,概非显著之唯心论,故今所言唯心论皆属西洋哲学。西洋唯心论自古有之,至近代乃极其变。古代之唯心论(Spiritualism),殆同观念论(Idealism),观念不过是一种相而已;与其称为唯心论,毋宁称为唯理论(Apriorism)也。故今此所言,又专在近代的西洋唯心论。近代唯心论,其初,盖对于多元论、二元论及唯物论之不满足而起。以上各论,皆可称为素朴实在论(Naive Realism);素朴的实在论,以为耳、目之见闻,即能得事物之实在。故吾人觉知之所得,以符合客观之事物为真确。轻重、厚薄、大小、方圆,莫非事物之所固具,心之认识或不认识皆尔也;知识所含之性质,不过依事物去认识而已。素朴实在论系根据一般常识上之见解而演成者，如见此桌存在，即依此桌之实在加之认识。如以万有之本，原为众多不同之实体，则成多元论；谓万有之本原乃二种或一种之物，则成二元论或一元论；此称一元论即唯物论，皆素朴实在论也。近代之唯心论，即起于对素朴实在论之反动，而有主观、客观唯心论等之产生，今以次胪列，兼论其得失焉。

甲、其余唯心论不成立之故

1. 主观唯心论之不成立

近代如培根（Bacon）、洛克（Locke）以至休谟（Hume）的经验派，以谓凡可经验者，即感觉现象；除去所见到之色、所闻到之声、乃至身上所觉到之触等现象之五官感觉经验外，别无可经验到者。向来所谓关系法则、贯通理性等，不过实际感觉到的经验上之条理而已。因此经验派的思想而进一步，勃克莱乃发生主观的唯心论。勃克莱（Berkley）否认物质本质之存在，以为一切物性，莫非吾心之所知，宇宙万有物体云者，不过为吾心所知觉之一切耳，并无知觉外另有所谓实物之存在者；由知觉上发现种种现象，即自心知觉现象。勃克莱之意，以为一切事物之存在，均在主观意识之内，主观意识之外无事物存在，凡存在者即被知觉者也。此主观唯心论，在其一贯的理论上，似亦能成立，然一推究，则疑问重重。勃氏以一切外物之存在，归之自心主观所现之影子，则自心如镜子，外物如镜子之影子，如此只有自心，则他人之人格亦被其否认。推其极，不过自心之存在而已，然则国家、社会与法律、伦理皆等虚设，失其效用；如是颠倒，世共不许！又复应思：既如汝言，所见之桌，除色、香等外并无实质之存在，然在夜间无人知觉，至第二日仍有此桌之存在，试问此桌在夜间是否继续存在？若谓所见之桌乃由汝心而有，汝心不知觉时则桌消灭，云何得有重见昨日之桌之存在？至是勃氏落于遁辞，谓物之存在，如不存在于自心或他心，亦必存在于上帝之心。然上帝非经验之可得，先不成立，而勃氏之说，遂不能自圆矣！

2. 客观唯心论之不成立

主观唯心论从经验派产生，迨其说不能自圆，于是理性派起为解除上述之困难，一转而变为客观唯心论。此派谓宇宙万有，有共同之心或共同意识之客观存在，故万有乃一客观的心之表现。宇宙所有动物、植物、矿物，程度虽有不同，然皆为宇宙共同之心，如千江万湖之皆为水。人类或其某民族，为此共同心发达之最高者，动物、植物、矿物等乃其低下者，所以万有的存在皆此客观的心。惟此客观的心，即为自己他人及万有以至全宇宙；至各人乃共同心之一分，非以个人自心为立场，乃以共同心为立场。黑格尔（Hegel，1770—1831）即可为此派之代表，以共同心包括一切，计划之而支配之。惟此共同心无可证明，与一神教所谓一神无可证明之性质，相去几何？一神不能成立，则共同心亦不能成立。又，所谓客观存在之心，不过称彼为心，其与素朴实在论不可证明之物，亦仅名之不同，同为不能证知，但随名言而假立耳。若唯物论不成立，则客观唯心论亦不能成立。今纵许汝有共同心之存在，万有乃共同心所生；然世间凡被生皆同于能生，如人生人，犬生犬，未见有石能生人畜；既为唯一之共同心，以何而得生出各别的万有，被生与能生了不相似？复次，既然万有皆由共同心所现，则应共同为一，云何万有有一定之条理及规则，必众缘具备，然后事物才能成功？反是，众缘或缺，则事物无从显现？此皆有为客观唯心论所不能说明者，故客观唯心论亦难成立。

3. 意志唯心论之不成立

康德（kant, 1724—1804）调和理性派与经验派，一面承认经验派凡存在的不能越出五官经验之外；一面又从为感官知觉所不能知觉之经验外设立一"物如"（Ding an Sich）或称自存物；又主张有先天理性能向杂乱无章的经验中立出法则。而所谓自存物，既在一切知识之外而不可知，故康氏非唯心论者，亦非唯物论者。然因康氏所立自存物为不可知，从康氏之后，有解释自存物为唯物者，亦有解释为唯心者。迨叔本华（Schopenhauer, 1789—1860）谓自存即为吾人求生存之意志，此意志乃不知其然而然，因有要求生存之意志，故有继续不断之努力在各处表现，一切生机之活动，植物永久之成长，动物一切的冲动，均足表现世界之根本，端在意志；意志存，则万有虽旋灭而旋生，灭生不已。惟叔本华颇受印度数论及小乘思想影响，以为人生世界，既出彼意志之盲目的要求，故人生世界皆唯痛苦，根本解脱之途，在否认求生意志，使之消灭于艺术之音乐等中，亦可使之暂忘也。叔本华认人生世界皆意志所造成，以求生之意志消灭，由求生意志所生之万有亦可消灭，此与印度之数论或小乘之思想颇相近。余前在德国曾询杜里舒：所谓生机一耶抑多耶？据杜氏言：最初为一，后成为多，最后仍归为一。今叔本华之意志亦可同上问之：所谓之盲目意志，各有其一耶？抑万有共为一耶？共一则自己生存之意志消灭，与万有共同意志何与，何能由各自而消灭？若云各一，何能生起共有之世界？即消灭只可言各有之意志消灭，乃各人自己之解脱。现在共同之地球太阳，是否各有意志耶？有则各人意志消灭亦无用矣！如云：世界等乃各人意志所生，则世界与各人意志又如何贯通耶？又复应问：向之不知其然而然之求生意志，其现起为有相依之关系耶？抑无相依之关系耶？如无相依之关系，则不能以其他方法使之消灭；如有相依之关系为之缘起，则意志之前，仍有其他原因存在，意志应非根本。故意志唯心论亦不成立。

4. 经验唯心论之不成立

主观唯心论从经验派而起，客观唯心论从理性派而起，意志唯心论间接从康德调和理性派及经验派而出。至经验唯心论则从扩充经验范围而起，从前经验派所谓经验，唯指五官直接知觉到而言，此则为扩充经验而将理性亦并归经验中的实验主义。故詹姆士（William James，1842—1910）等所谓经验，乃通于一切而言，非各人经验已也，非五官觉到已也，无论意识或知觉或思想或想像皆属之，故空间则成为经验之大网，时间则成为经验之常流，全部心理之内容，亦即经验之内容也。同在经验之中可分二种：一、素朴之经验，二、经过雕刻之经验。素朴经验之原料，可经意识雕刻工夫，由此雕刻即成种种之相，由意识立种种之名，成为实际有用的方为真理。世间所有之事业及思想，既皆依素朴经验复经意识雕刻而成，故真理亦无决定性可得。简言之，于此时、此地能适应吾人实际生活之要求，方成真理也。此派非以唯心论自居，然将经验范围推广，所谓经验既即为心理内容，故是唯心。惟其构成经验，仍依生理有机体，经验流既藉有机体而存，有机体乃是基于物理之生理，则有机体之身一坏，而经验之流亦断矣。此有机体又从许多物素组成，从构成上追究，仍以物理为基本也。行为派心理学，亦可谓即从此派影响而出，适见其经验之流乃藉物而有，非唯心而反成唯物，其推论自难极成矣。

5. 直觉唯心论之不成立

柏格森（Henri Louis Bergson, 1859—）并非以所谓直觉（Intuitionism）为万有之本源，彼所谓万有之根原乃"生命之流"，或"生之冲动"；惟此生命之流非理智可以把捉，乃靠直觉觉得。盖生命之流乃产生万有之浑然真体，理智只能见出彼所分别之物体，乃实际应用之一种工具；若此内在生命之流，则须依直觉乃能了知。平常直接知觉到无彼此、自他、内外之分别，是谓直觉；从直觉悟到的万有生命之流，综合叔本华盲目之意志与詹姆士之经验流，而以直觉握其枢纽者，此柏格森之直觉中的生命之流。此生命之流，即隐于吾人意识之后，以激励鼓舞吾人时时向创造之途以趋于进化。柏格森本此以说明创造的进化，彼说进化为由原始而现在而未来而永续无穷之巨流。彼谓"生之冲动"，宛如喷发之爆弹，分为二流：一、紧张而上涌之火焰，为精神现象，如动物等；二、弛缓而下堕之火花，则为物质现象，如矿物等。前者为动物，如爆弹之焰火极紧张之部；后者为矿物，如火花之点点斑斑也。此虽可为一极有力之唯心论，唯在理论上仍有许多困难之问题在：一、彼既认生之冲动即创造原动力，何以万有乃有秩序条贯等之存在？设认万有无条贯秩序，则亦无进化可言。如紧张之则为精神，弛缓之则成物质，然在常识上或科学上，均觉得生命现象必有其非生命的为所依之处，此所依之处，或地球或其他之物质现象，乃先于精神现象而存在；然则与柏氏先有精神之生命现象又相违矣！故其说亦难极成。

6. 存疑唯心论之不成立

康德（kant）之不可知的自存物，可为存疑之唯物论，亦可为存疑的唯心论。至于最近之安斯坦（Einstein Albert, 1879—）的相对论，客观宇宙的存否，存疑而不速断，而一切运动之现象，与其距离之时间，皆由观点之不同而不同，成为相对之现象，已有唯心论之倾向。从唯心论上说，亦可成为存疑之唯心论也。至罗素（Bertrand Russell, 1872—）的新实在论（New Realism），虽极力扩充客观实在之范围，将经验派之感观的事与理性派之超验的理，皆与以不倚心而存在，不由心而变动之客观存在的实在意义，建立中立一元论，谓心及物乃中立一元所构成。然彼非心非物之中立一元，即为感觉之经验；惟一探其所谓中立一元的一元之谓何？彼尚存疑而未速断。余前到英国曾以此问题询之，彼谓犹在研究而未能判断。彼虽存疑，而亦得谓之唯心论也。但此种存疑唯心论，消极方面虽足以避免他人之批评，积极方面亦缺少成立性也。

乙、法相唯识学成立之故

对于法相唯识学之名义及产生之动机，前已说过。各种唯心论，因事实上、理论上皆未完善，而卒不能有所成就！今再以能极成立之法相唯识学，次第设立各种问题论之。

1. 独头意识与同时六识——虚实问题

主观唯心论谓唯主观的自心是实在，其他事物不过心中之影子而已，一切现象乃皆成为空虚而无实。另一方面主张实在者，乃有新实在论，以为一切见到、闻到、触到，乃至意识上观察、思辨到的一切对象，皆为真实。主观唯心论以一切外物之存在，悉归主观之心，自心以外皆是空虚；如此只有自心是实，则一切人格及社会均被否认，与事实不符，而理论上亦通不过，已如上辩。经过主观唯心论之不能极成，可一转而到新实在论；主观唯心论谓虚，新实在论谓实；前为虚之代表，后为实之代表，乃构成虚实问题。此在法相唯识学将如何解决之乎？依斯学，百法中之八识，依眼发生出来之知识谓眼识，依耳发生出来之知识谓耳识，乃至依身发生出来之知识谓身识。至第六意识与普通心理学所谓意识略同，惟从意识全部之领域及分类而言，则法相唯识学之意识，较普通心理学为广，若专从一部分现象而推究其细末，则普通心理学之所言，亦有独到之处也。

此种意识，大致可分两种：一、独头意识，二、同时意识。独头意识，乃于离开眼、耳、鼻、舌、身五官感觉之后（眼不见色乃至身不领触）单独构成，略似心理学所云之想像。盖意识离开前五识仍可自起分别，如意识缘过去、未来之境，不过为意识所忆想耳。但独头意识范围颇宽，又分三位。一、梦位意识，梦时前五识不起现行，唯是第六意识之分别现境也。二、散位意识，清醒时心理之分散，而非集中统一者，为散位意识。三、定位意识，此非常人所有，须经修定工夫乃能发现，不惟佛教得定之人有之，即道教及印度外道经过修定工夫，使心力集中统一，精神上成为和平安宁，而增加许多超越之力量，亦属定位意识；惟真正得成定心，眼之知识乃至身之知识，均不起作用也。

独头意识包括此三位，而知识之性质则截然不同。梦位意识颠倒错误，表面上似真，其实非真，表面上似能推理，其实皆非理、非量之识也。散位意识范围甚广，通常心理作用多属之，占通常心理作用百分之九十九；此种知识又分为二：一、贯通前所经验成为推理不误之比量知识，二、有大部分则为错误知识。此中又有二种：一、如言见桌，不过见到一小部分之颜色之少分，至于桌子多分之色及声、触、重量等，皆非眼所见，通常即以此直接眼见到之少分以为眼能见桌，其实非真见，乃成似现量之非量。二、如唯物论或素朴实在论之种种推论，又成为相似比量之推理的非量知识。定位意识少起主观作用，惟是明显之心境，故多属现量之直接知觉也。

更就境辨之：梦位意识多属独影境，单独之影子为独影，系纯粹主观之心而起。梦位意识，前次为心理学会讲"梦"之题目，曾言梦亦尚有带有实质之境，如因生理关系影响而成梦，乃至其他心之关系使成为梦等，皆带有其他精神力之关系者，故梦位意识亦有带质之境；惟大部分为独影境，少部分为带质境耳。散位意识大部分仍为独影境，如想像因名词之施设，马虽无角，亦可想像于马角也；即想过去之事，亦为独影。独影境有二种：一、无质独影，此时、此处、此界无有，即他时、他处、他界亦无有，只意识上假立名言之分别耳，如因名而妄立龟毛、兔角等。二、有质独影，虽此时、此处无有此法，然为他时、他处之宇宙间实有其质，特今此但为意识所变现之独影，为有质独影。带质境亦有二：一、如言见桌只可称带质境，桌虽不能见到，然意识将直接知觉时于桌子观念上，乃或为桌之颜色，虽所依之实质不能全部相符，惟带真实质一部分，经过意识上之构成而成，谓之似带质境。二、其以心缘心者，则为真带质境。依唯识言，通常所谓见到、闻到、嗅到、触到之天地人物，皆是散位独头意识之带质境而已，均与真正之感到不符，惟隐带其内容而已。依此带质境所推理则成比量，故此散意识中被知识所知识的，有独影境及带质境。定位意识，非一般人之心境，不易经验，可从略。大抵深定位之心境为性境外，其余通常定位，仍为独影境也。

由上所言独头意识之心境，可见主观唯心论只能讲到独头意识之一部分，而定位独头意识则尚非彼所能望见，以此一部分为立足点，而解释宇宙万有，自难成立；较唯识学所言识有八种，前有眼、耳、鼻、舌、身五识，后有末那、阿赖耶识，领域之大小，自不可同时而语矣！同时意识乃依眼识、耳识乃至身识等之五官感觉，与第六意识起同时作用；此间非必全部前五识与意识同起作用，乃前五识中之一或二或三或四或五与意识同起作用，称之谓同时意识。简言之：五官之中有一或多与第六意识同起作用也。柏格森（Henri Louis Bergson，1858—）之直觉（Intuitionism），亦此同时第六意识之感觉。同时六识知境像之现量直接知觉，并无推理作用，同时意识现量所知的是实在之性境，与独头意识多分为主观作用所起不同。同时意识乃真实之性境，惟其为真实性境刺戟所生起之意识，故谓同时六识所缘缘乃为实在有体性之境。从内容言，此性境与新实在论（New Realism）所谓的客观实在略同，因所言直接知觉到，乃意识上关于数量或分位（心不相应行法时空数量）等，前五所无，而为同时意识所感到的，均可等于新实在论之所谓实在；盖即同时六识现量之心境耳。然唯识固不能以独头意识局于主观唯心论,同时亦不能认同时六识之现量而局于新实在论。

同时六识之所缘境,非单依主观可以转变,并须托六识外存在之境作所缘缘之刺戟;准此而言,岂非与新实在论或唯物论无异乎?但须知此间所言同时六识,略同实验主义之纯粹经验,经验本身即感觉,感觉即心识,谓须境之刺戟,不过就纯粹经验之说明上而言,此种所经验的仍在纯粹经验之中。感觉可作两面解释:一面为能知识之知识,一面为所知识之境相;能为见分,所为相分。因此事实上感觉之有感于是而有所知识,均不离纯粹感觉心识之外,故仍是唯识。此种不离纯粹经验六识觉到之现象之外,有所谓"感觉今有"或"感觉所与"的本质,如康德(Kant)之物如或自存物,即同时六识之境像底下另有其本质,只以同时六识心境之境像完全与本质相同,故与本质之境同为性境。盖同时六识所知之境,绝无主观作用夹杂其间,实在如何即感到如何也。然以同时六识所依托之本质谓神则成一神,谓物则成唯物,谓理则成唯理,故须更进推究同时六识与第八识变。

2. 同时六识与第八识变——象质问题

从同时六识所知境象的本质之推究,则不能不言第八阿赖耶识。阿赖耶是梵语,此译为藏,意谓将所有经验皆能收藏之知识,乃至行为上之行为亦能为所收藏,故此识亦可言"处",即一切所现行之潜势力保藏之处也。此识具有三义:一、能藏,二、所藏,三、我爱执藏。一、对一切种子名能藏,因一切种皆收藏于阿赖耶识之中,种子为所藏,阿赖耶识即能藏之处也,故曰能藏。二、对一切杂染法名所藏,因根身器界一切杂染现行之后,阿赖耶识反为一切杂染法覆藏，为一切杂染所藏也，故曰所藏。三、对第七识名我爱执藏，因第七识恒审思量我爱之执，此识被执为我，即阿赖耶识现行之见分，成为第七识所爱执之处所，故曰我爱执藏。

佛典分万有为有情无情二种：动物为有情，矿植为无情。宇宙一切有情，各有一阿赖耶识，此识能将各个所有经验保藏之无失，遇有机缘即可复现。通常所有记忆想像之功能，即有保藏之第八识使然也。普通心理学以为脑府能保藏，凡心理之保藏，皆依脑府之生理机关而生，细胞活动复现即起想像之作用，此种解释，不能极成。试问所见之屋宇海水等至大至远，如何能为仅方寸量之脑府所能保藏？如将所见之屋宇海水与方寸之脑府较，其非脑府所能范围，抑奚待言？设云：脑府之保藏事物如照相机之摄影，然照相机所摄映之影子，不能如事物之大小量，与眼识如量而见不同故。又，前后之影，应错乱无序同糅于脑府之中故。依佛典言，识乃依境之大小而遍法界，故各人之阿赖耶识皆交遍宇宙，凡事实上或经验上皆赖保藏，使之复现也；此识虽交遍法界，惟仍各为各有，如某甲之读书，久诵则保藏之于第八阿赖耶识之中愈深，然不能易之某乙。柏格森之生命之流，或潜意识之最深部分，均可见到阿赖耶识之一少分。

有情生命之本身，即第八识，此有情生命本身，即非物质之心识。此种心识有二种作用：一、能知，二、能变。有情生命本身之第八识为能变，得到一段生命，则有生命本身，即是根身，其所依止之处即器界是也；同时六识境像所依之本质，即第八识所变一部分之器世间，即所谓内变根身、外变器界之器界也。所变本身之表面形躯非真五根，乃根所依处，真正五根略同神经系，非同时六识所知。此器世间之本质，即感觉所与，可知康氏之物如，亦即第八识所变之器世间也。因第八识所变之根依处及器界，虽在同时六识之外，但仍在第八识之中，不离识而存在；可知器界为第八识之所变，实有体性可作为同时六识所缘之本质，然不离第八识而有，故仍唯识也。

3. 自识所变与他识共变——自共问题

自识所变与他识共变，为自共问题。前段所讲本质乃第八识变之一部，即器世界及根依处。由第八识变为前六所缘境之本质，各个有情各有第八阿赖耶识，唯此本质为各赖耶各变耶？抑各赖耶共变耶？若谓各个各变，则各有情一时期生命终了之期，不惟身体坏灭，即宇宙亦应坏灭。设云：宇宙器界乃各有情共变，则除各人等八识外，仍有共同所变之器界者在，于是乃有自共问题。解决此问题，须知根身器界有共变不共变之义。

绝对不共变，即净色诸根是也。净色诸根非有情形体，略似生活的神经系，此种五根乃各个有情第八识所各变，生时有神经作用，死时即无神经作用。各人真正依之发生五识之五根功能，与他人无关也。除此之外，根依处之形体乃至脑髓等，已有一部分为共变共用之关系也。至器世界山河大地，除各人各动物之身外，则纯粹为共变，惟此共依之宇宙，仍有一部分为共中不共之性质，此种不共性质，乃就一类一类而言。如言汪洋之水，从水族之动物鱼类等，则觉为其空穴房宅，与人类对水之为感不同，鱼之于水，犹人之于空气，不可须臾离也。所受之身体不同，即所受之器亦异，故虽共变之器界，仍是一类一类共中有不共变之性质者在。严格言之，每一人或每一动物，对于器界皆有不共变之性质存也；譬如有植物于此，若有某人或某缘具足则繁荣，反是则枯衰矣。乃土地江湖亦或因某人或某缘之关系，乃可使之改变兴废者，植物、矿物虽由同类第八识共变而资为物用，但共变中仍有不共之少部分也。可知共依之器界，有共中之共及共中不共也。各变之人生，各根为不共，而根依处之外形仍有共变之意义，如身体有父母亲属之关系，虽死犹存有共见共变之尸骨是也。如单独之第八识变，则应无共见之功用也。简言之，世界虽为共变，而仍有一类一类之不共变也。

兹分四类言之。一、不共变之人生有二：一、不共不共，神经系之五根是也；二、不共中共，外形之身是也。二、共变之宇宙亦有二：一、共中不共，田宅等有特殊之关系，变生特殊之资用是也；二、共中之共，地、水、火、风、山、河、大地是也。自变共变大抵可分四类，细详则仍可分析也。是知宇宙有一切有情心识共变之意义，但各个有情仍有各个所变之根身器界，因同为一类，相似相类和合成为一体，不易觉察，其实在能变之关系上，仍各是各变也。不过性质相似，可同在一处，成为共依共用耳。譬如室内有千盏、万盏之灯光，各个灯光皆普遍室内，相似似一，然仍有各灯光之系统；犹之除五根外共变之器界，仍各人各有能变所变之系统也。

依唯识言，各有情生命之将得或初得时，其所变之器界根身随之而现，死时亦随之而灭也；犹之一灯熄灭，其所有之光亦随之而熄灭也。然一人死时，器界等何以不觉坏灭？乃微细难知之故，亦犹无数灯中之一灯熄灭，并不觉光力有所退减也；是知共变之宇宙，乃异常复杂。大抵言之，同类中关系愈密则觉愈切，愈疏则觉愈远耳。共变之大宇宙生起，固由无数有情众生之业力。

而共同变起之中，依佛典言，每一宇宙如太阳系之小世界由共变而成外，亦仍许有伟大之业力作全宇宙变起之总枢。其他宗教不明斯理，即谬托为上帝或神所创造，似印度所言之大梵天等，佛说其先此一小世界之有而有，后此一小世界之灭而灭，亦仍有生有灭，惟业果较寻常悠远耳，并非唯为此天神所主宰也。譬如建立国家之要素，固由人民、土地、生产种种关系而成，然仍有最根本之要素，如现代中国以三民主义建设之国家，即三民主义之首创者为最根本之要素也。建国如是，器界之变现亦然。对于宇宙根身器界之自共问题，大抵如此！

4. 第八识见与第七识见——自他问题

此段乃研究区别自他之核心何在也。自变共变乃从自他区别，然如何而有此区别？须知八识各有相分见分之分，根身器界乃第八识相分，依此相分同时即有了知相分之见分，此见分即此间第八识见也，亦即第八识能了知之功用也。惟此第八识为第七识见分取为自我，则第七识见为能取，第八识见为所取；简言之，即第七识见取第八识见，执为自我也。第七识从向内取第八识见执为自我，无时或息；童稚之时，第六识之自我观念，虽无甚显著，然根本之自我执，仍无间断；至成人则到处时时保存自己，发扬自己，提高自己，自我之观念，极为显著；凡一切有生命之动物，皆有此相续不断之自我见，即第七识见专取第八识见分为自我也。通常之自我精神，皆依托此根本第八识见而有所发表于外，因有我则有非我，因有我所有，则有非我所有，区别彼此，乃有自他之见。然溯其源，皆因第七末那识（梵言末那，此翻名意，是恒审思量义，恒不断义，审不疑义，即恒审思量赖耶度为我故），取第八识见分为我体之为用使然也。

5. 八心王法与诸心所法——总别问题

眼识、耳识、鼻识、舌识、身识、意识、末那识、阿赖耶识，谓之八心王法。所以称为心王，喻其每一各有统率许多心理作用之能力也。如眼识能将受、想等许多心理作用为彼所统率，故谓为心王法，其他各识亦尔。依此八心王法所有的许多心理作用，为诸心所法，心王所属，名曰心所法，助伴之义也。心所统计有五十一，总有六位：一、遍行位有五种，二、别境位亦有五种，三、善心位有十一，四、烦恼位有六，五、随烦恼有二十，六、不定位有四：如是六位，共有五十一心所。六位心所之名，差别繁多，广如前表。

此五十一心所，非每识皆有也，即第六意识上诸心所法较最完备，然亦非在每一刹那同时有此诸心所，乃谓第六意识于此诸心所法皆可相应耳。至前五识则或有无有也；依《成唯识论》考订，前五识只有三十四，不定位无，随烦恼位或有或无也。第七识有十八种，第八识只有五种。今之心理学只讲到潜意识或隐意识，稍涉及第七识及第八识，此微细之七、八二识，不惟物观的行为派之心理学全未见到，即内省心理学仍未见到，盖七、八二识须依修证定慧才能明了到、观察到故。第八识有遍行五种心所：一、作意，能警动其余心心所现起之主动力。二、触，根、境、识三接触，能触境之心理作用。三、受，顺触之领受。四、想，于领受境取分齐限量，由此有彼此是非之判断，而立种种名，故想为名字言说所依。五、思，依受、想境而动作，能领余心心所起造作。至于第七识，则除以上遍行位外，复有贪、痴、慢、恶见及随烦恼等，皆从我见所生也。

八心王法取总相，诸心所法取各别之相。故有总别之分。如见一种颜色或形相，眼识取一总相，伴眼识所起之心理作用，如触、作意、受、想、思，则生善不善、爱非爱，取各别之相，由此可知有总别之分也。由心识取总相，由诸心所法取别相；又由意识取综合之总相，故有重重层级之总别也。种种法则，皆从八识心王及诸心所法区分而然也，有自共之区别，有总别之条理，对于识所变现之一切法相，皆有其法则，井然不乱也。

6. 能缘二分与所缘三分——心境问题

识有三分：一、自体分，二、见分，三、相分。见分为能知，相分为所知。识即知识，显得知识即是能知，有能知则有所知，要说明能知如何，即须说明所知如何也。浑然不分的觉心为自体分，自体分分能所知则有见相二分；见分为识体一种觉知之用，相分为见分所知之相，体、见、相合称三分也。八识各有各之相分、见分、自体分，其各心所亦然也。复次，唯二分能知为心，三分皆所知为境；自体分为浑然不分之心觉，亦可成所知境。能缘即能知，所缘即所知，能知二分，指自体分及见分而言。浑然不分之自体分，略同罗素非心非物之中立一元，然一分别则成见分相分，见分即能了知相分，而见相分皆依浑然一体之自体分，此自体分一名自证分，以有同时又了知于了知之见分故。换言之，不惟了知知识何种，并了知何种知识，此自证分之义也。自体分、见分、相分，皆所知境，称所缘三分；自体分、见分为能知心，称能缘二分；惟所知境非离识而有，与新实在论认有所知境为客观存在不同也。

7. 第八识种与前七识现——因果问题

前讲第八识变，其实非第八识变，乃指依第八识而存之各别不同的潜势力或功能之种子而变。盖第八识所含一切种，如地中之种子，有能现起之潜在功能也。此第八识所含之种子与前七识现起流行，成为因果；第八识种为因，前七识现（心心所及见相）为果，然此果非无因，而因则第八识种也。但前七识现为果，对第八识种为因（即种生现），然第八识之种，一面亦仍为果，则由前七识现，又可为第八识种之因也。以一切识种现行之后，同时即息下成为潜势力的种子（即现生种）。可知第八识种与前七识现，在互为因果，形成四类：一、种生种，二、种生现，三、现生种，四、现生现；前三成因果之关系，后一则成彼此之关系也。此一刹那之种起为现实上之心心所法，则成种生现，经现行将前所有种子有所熏变后成现生种，如从种子生枝叶花，复从花生果可为种也。则知宇宙万有不同之现实，皆由不同之因而生，非从上帝或客观心等一因而生，以上帝或客观心等之生万物，与因果义相违故。因一果多，不相称故。现行法各各不同，乃由各各不同之种子而起。然现行又成为种子，可知现在法有引生后用，假立当果，对说现因；观现在法，有望前相，假立曾因，对说现果；以此说因果义，则甚明显。各别之因成各别之果，又有从现生现的其他众缘而助成之，故现行后之种已非前种也。比如后稻之种子，已非前稻之种子，盖由关系众缘熏变之不同矣。

8. 第八识现与一切法种——存灭问题

一切潜能是否继续存在，即为存灭问题之所关。在现行生起连续上，个人几十年，或人类几万年之历史，形式上虽终消灭，其实非灭，以现行熏在赖耶中诸种子，遇有机缘仍可复现。故个人虽死，世界虽灭，一切法之种子仍保持不失而继续存在，于是可解决存灭之问题。以曾现行之一切法种子，为现行之第八识所保持，现行八识相续不断，旋生旋灭，旋灭又旋生，有二种特性：一、曰恒，二、曰转。转变起灭而不间断，不惟不断，亦不间隔，故曰恒。如各人心识死时似断，其实仍不断，惟在平常经验未易见到，须经戒定慧破脱了无明，得无分别智极显明之智慧才能见到耳。惟第八识现行事实上虽恒续而有转变，其余一切法种子皆依第八识而存，故虽不断灭而亦并非固定存在，乃刹那刹那生灭连续而存在也。然一切法种与一切法虽可以恒存而不断灭，亦非绝对不能断灭；易词而言，以有相反之性质，亦可使之消灭也。例如光明永久现行，黑暗种子即不得生是也。可知一切法种虽依八识恒转，若遇相反之性质，仍可使之消灭。惟其有消灭之可能，故有创造、改造、自择、自新之路；转烦恼为菩提，转杂染为清净，其斯之谓欤！

9. 一切法种与一切法现——同异问题

一一法各有别异，而每类又有每类之别异，如眼识所缘之显色，既别青、黄、赤、白，而青复有一一极微之异。同时，色同是色而外，与声、香、味、触又成别异；然对感觉等心法，则色、香等又同为色法。如此异而又异、同而又同之重重同异，以依第八识存在而能生一切现象之功能种子，有无量无数之差别，故一切法现象亦有无量无数之差别。一切法种，指潜在功能而言，无量别异之相似相等则成为同，依更大范围则成更大之同，最大同则都无不同。别而又别，别而又别为异，共而又共，共而又共为同，故现起法有种种差别现象。而其他唯心论以一心生万有，一多相违，成能生所生因果相违，故难极成。然何以同中有同，别中有别耶？以一一法能生之功能差别，故成现象差别，而每一现象，又与其他一切法连带相依不相离，由此可为异中有同、同中有异之说明。但此只就非生命之一切法以论其差别，欲究生命之差别，当更进论业报。

10. 前六识业与八六识报——生死问题

通常以初受胎为生，至命终为死，在此一期生死间有连续之生命。一一之生命，又有同异，如言人类为同类，与飞禽走兽则为异类；惟在动物，则又为同。此各个生命与各类生命异同之所由，依唯识学言，前六识能作种种之业，业即是行为，通善、恶、无记三类，依眼、耳、鼻、舌、身、意六根，触受器界六尘而有种种之动作发生，即为或善、或恶、或中立性之业，伦理学中之所谓行为是也。此业乃经心理作用上发动审决而起，依行为结果上判断其优强力之性质。由此优强力用，但个人之关系则成为个性，通团体之关系则成为社会性，有个性、社会性之分，即成私德、公德也。此业只在前六识者，因须与他心境接触而有，故业上有创造性，在第六意识尤有强力，能自由发动，转变他识，创造所无，故依此优胜之业，可以从现在生命失去时，由创造业之成熟力，或更善、或较不善、或相等，而再得到一期之新生命。所得之新生命，由业一面为引导力，一面又为范型性，以之规定后来新得之生命为属于何种之生命，以成为生命种种之不同，皆由业力使然也。

由业力创成生命之报体，可知业的引生力、范型力存则生，此业尽时即死。如炮弹之弹出力，可弹放至何处，及其弹力尽时即低落也。业力亦如此，故有一定之限度。现在之报体，乃由以前前六识业为引生力及范型力而成，由此而有各个各类之不同生命，此种引生力、范型力既尽，遂尔散没，他种之引生力及范型力势增，遂尔现起后期之新生命。所谓生起死灭者无他焉，不过引生及范型之业用起尽耳。换言之，即诸业之起伏乘除耳。此伏彼显，彼来此去，知其他种引生及范型之业又可生灭，故有生死轮回之事。从过去"世间极成真实"证之，如一开国君王，决定一朝代之兴亡期限，达至极限，朝代虽亡，非土地人民并灭，其他强有力者，固将另创新朝代起而代之也。

11. 诸法无性与诸法自性——空有问题

前来已大略讲明唯识之诸法，然此唯识诸法是否有决定性？如不决定，不过言说思想所建立而已，则如康德所谓宇宙以意识为立法者，则诸法本身无决定自性，则成为空；或诸法有其自性，则成为有。有自性则法皆有，无自性则法皆空，乃构成空有问题。

此间可用三重观之：一、遍计所执自性，此于一切依他起法事实不相符，全出意识上之决定。依他起法为意识周遍计度而不能适如其量，或增益之，或损减之，此所执法之自性，可知其绝无实体。惟此只指妄执彼依他起法之所执法为空，非将事实之意识本身亦拨为空；离此妄执，于实体性之法而不起增损之二执，固无妨遍计焉。二、依他起自性，此虽无有独立存在之法性，然可依众多之关系而现起相貌功用，此依他起法，非无仗种种不同之因，托各类各类诸法互相关系之缘，以成种种不同诸法之差别，虽无绝对存在而有相对之事用。三、圆成实自性，依他众缘而有的一切法，皆唯识所现，因知识有种种不同，成种种之差别，能除却此重重差别之知识，扫空主观差别之妄执，成为平等普遍之智慧所了知之境，则不唯意识妄计之遍计所执皆空，而依他起之差别亦空，如此通达诸法真实性相，是为圆成实性。

由此可知依他起、圆成实为有，遍计执为空。而所要者，在须将意识妄执空去，不然，则所见、所知之依他起、圆成实，皆成为遍计所执之法。由此显现须有无分别之真实智，才能通达众缘所生之依他起，达此依他起相，才无妄执。佛法之空宗，皆对遍计所执法而说，遍计所执法如不彻底空掉，则不能达到诸法实相；如未达到圆成实性，则虽说依他起之因缘所生，不起遍计执，亦无是处。

12. 唯识法相与唯识法性——真幻问题

唯识法相者，对唯识法性言。唯识法相即依他起法，众多关系所变成之法，且显然在众缘中，识为最重要之胜缘，因依他起之众缘关系所变之法，皆为能变知识所了知故。依种种差别之知识现种种差别法相，如能离掉依他起差别之相，现观一切法真如实性，乃谓之唯识法性也。简言之，在能变之识与所变之法上，将遍计执离掉之依他法，即唯识法相；唯识法相空所显之一真法界平等真如，即唯识法性；于此二义，可解决真幻问题。盖依他起众缘之有，乃相对之有，非彻底之有；换言之，依他起乃如幻之有耳。通常所谓现象本质，皆幻有之依他起法，众缘所成，如幻如化；至圆成实性之唯识法性，即诸法真实性，乃真实非幻也。

13. 染唯识界与净唯识界——凡圣问题

真如法性，离言思，绝是非，而依他起之法相，则有染净之别，故有凡圣问题。佛法于凡圣问题，有精严之解决，须得圣果才能谓之圣。圣果有高高下下不同之阶级：小乘有四，大乘有十一。凡夫证圣果，初步须将现行烦恼所依之种子，要能永远断灭其一部分，即第六识有一部分分别所起自我执著之心，将此计我之心离掉，并将俱生而有恒审思量之我执永离一分，方可入于最初圣位。唯识界，指一切法之范围而言，有杂染唯识界，以根本烦恼及随烦恼本身为染法，凡有此染法之杂在唯识界中，皆为杂染唯识界。能将此虚妄分别之杂染唯识界空掉一分，则成一分之净唯识界，亦即初成为圣也。能将此重重之染唯识界空尽，则成最高圣果之佛。故法相唯识学非为理论而已，并须将染唯识界改造成净唯识界。余尝谓佛法乃自然界中彻底之革命，即此意也。

14. 净唯识行与净唯识果——修证问题

此段明须用何种工夫,改变之成为圣果也,故有修证问题。盖假使不能真修实证，不惟成为空谈而已，即前说须依修证所成之理论，亦将随之而根本推翻也。修唯识行，证唯识果，再由较高之唯识行，又成较高之唯识果；故真正之进化，即在此唯识之修证中而已。然徒言进化，若无究竟圆满之境，则漫无标准，进化之义亦不成立。今于此分两段言之：

（1）四寻思引四如实智与五重唯识观。四寻思引四如实智与五重唯识观，即明由心理改变心理，次由心理改变而到生理改变，再由心理生理改变而到物理改变；及至宇宙之现象，皆即无分别之真如，而成为自他互融彼此无碍之宇宙。换言之，即成为不可思议之事事无碍法界也。然此改造入手，首由心理之训练，即先从意识上改造。常人大抵以言语名字为即能得事物之真相，乃观名言但属名言，事实纯系事实，事实绝非名言，名言亦非事实，二者分离而不相及，此即四寻思中，一、名寻思，二、事寻思之义也。三、自性假立寻思，四、差别假立寻思者，谓通常思想上，无论于一名字或一事实，皆有特定之意义，名为自性。如言茶杯，只是直尔任持自体，局守自体，不通他也。义贯于他为差别，如云茶杯为磁制之可破坏物，此可破坏义可贯通于他物，即为差别。贯通他义对众多，局自体义对自少，以宾辞解主辞，不以主辞解宾辞，故主辞名自性，宾辞名差别。于每名每事虽可假立自性、差别，然此自性假立之意义中无差别假立之意义，差别假立之意义中亦无自性假立之意义。此种心理训练，略同符号逻辑。如旧式逻辑所谓主辞（自性）、宾辞（差别）。符号逻辑以为各种主辞、宾辞，不过所列之次序不同，因种种概念各成一自立之概念，但以组织之不同，成为或主或宾，其实，自性假立惟自性假立，差别假立惟差别假立。将此四种寻思观常常练习，则可引生四如实智。所谓如实智，即习成如其实际了知之心理，而生起印可决定之智也。如实于所缘名、事、自性、差别，了知其唯名、唯事、唯假立，谓之四寻思引如实智也。

五重唯识观者：第一重将遍计妄执之法离掉，只存能变之识与所变之法之唯识法相及圆成实之唯识法性。再作第二重观，观唯识所现之诸法相分，皆能知识上所变现所了知之法，唯存能知能变之心心所法。第三重观能缘二分与所缘三分中，唯存浑然不分之自体分，不惟相分为空，即见分亦泯，则见相之区分双忘，只有浑然不分之自体分。由此进步作第四重观，观一切心心所法中诸心所但是心王属性功用，不能与心王相对存在，由此只有八识心王。第五重观八识心王仍是互相相对相依而有，彻底追究则如幻如化而无决定，由此究竟真实，唯法性平等真如，舍相依相对之虚妄相，乃为真实存在，此第五重遣法相而证法性也。至第五重证真如法性，乃初成净唯识界，以后仍用此五重观数数修习增进，乃证圆满二转依果。

（2）大般涅槃与四智菩提。涅槃，圆寂义。染唯识转为净唯识，得大般涅槃，涅槃所成为四智菩提。菩提，正觉义。前五识成为成所作事智，第六意识成妙观察智，第七末那识成平等性智，第八阿赖耶识成大圆镜智；即将杂染界之八识，成为正觉界之四智也。以上二段，可知法相唯识学，确可由凡入圣，而证明法相唯识学之能成立。

四、法相唯识学之利益

甲、破除我法之谬执。我法皆从遍计执而生，因计有主观之自我名为我执，计有客观之宇宙名为法执。因我则有非我，于是生于种种之贪，贪不遂故则生瞋，贪、瞋依以痴、慢，世界之苦恼，乃皆从此我法二执而生也。学法相唯识，明诸法皆众缘所成，唯识所现，则执我之观念既破，而为我所有之法亦空矣。

乙、断尽生法之惑障。生指有情众生之人生，法指宇宙万物等。因我执不破，则生贪、瞋、痴之烦恼障；法执未除，则生所知之障。明法相唯识学，则能得到最究竟人生宇宙之真相，以如实了知故，乃不生烦恼及所知之障也。

丙、解脱变坏之业报。生死从我法谬执所生惑障，发生种种思想行为之业，因有限量之业招有限量之报，则有生死。譬如专制君国之朝代，终有消灭之时，以其业有尽而报必坏也。能将我法谬执去掉，则能解脱变坏之业报，而成为四智菩提不思议业之圆满报。佛学所谓了脱生死，即指此而言。

丁、满足心性之意愿。人生皆有止于至善之要求，如不止于至善，则不能满足心性之意愿，犹之千江万湖之水，不流至大海皆不能得到最后之归宿。四智菩提之大圆满觉，才是至善之地；能将诸法性相如如了知，能转一切染成一切善，人生意志之愿望，才能满足。

戊、成就永久之安乐。安乐有久暂之殊，小康太平时代，或近代为最大多数人谋最大幸福之社会主义国家，皆有限业力所成之有限安乐而非永久。盖世界一治一乱，人生苦乐相寻，况国家不能有存而无亡，人生世界不能有成而无坏，仅以目前为限，尚何价值之足云！故必至净唯识之四智，成大菩提，方成就永久之安乐。

己、证得无碍之清净。无碍之清净，即真自由也，绝对善也。通常所谓自由，因受根尘有限之牵制，皆成为束缚而无真实自由之可言；若能修无漏清净行，得成净唯识界，转识成智之时，即证得无碍之清净，所谓我净是也。（在厦门大学文哲学会讲，虞德元记）

【德元附识：法相唯识为佛学中最精粹之学问，其构画之严密，尽万有之本然，皆源源有自。惟其精粹，故亦难言，一般瞒旰佛性之流，固勿论矣。即标为佛学专家，其所诠释之文字，亦多屈曲难深，不便初学，宜其非理说理，非义说义，非法说法，种种计执也。

惟我太虚大师，才通三藏，学融古今，能将艰深之学理，以通俗方便之法出之。近数十年来，佛学有由隐晦而臻光明，蔚成学术上之一大主流，此运动促成之最有力，无论知与不知，莫不归之大师。盖大师殚志内典，历时二十余年，内典之外又能贯通科哲社会诸学故也。余好法相唯识多年，间尝参互中西哲学作为比度，知法相唯识学，确有不可磨灭之理者在，唯时节因缘皆未成熟，不能作一番彻底研究，然耿耿此心，未曾稍忽，适本校文哲学会敦请大师讲演法相唯识学概论，俾闻胜义，喜可知也。大师嘱为笔记，爰是自忘谫陋，遂以耳识所闻执笔辑成，公诸同好，中间凡有忽略未达之处，唯大师及明悬智镜者，幸留心匡正矣。】

（《海潮音》第14卷第3、4期）

唯识三论讲解

《唯识二十颂》讲要

　　若识无实境，即处时决定，相续不决定，作
用不应成。

　　万法唯识，心外无境，此唯识宗之说也。有难者曰：假定只
此内识，而心外别无实境，则下之四义，应不成立：一、处所之
决定。二、时间之决定。三、相续不决定。（相续者，人生之异名，人
唯见自心中之境物，而实与众人有同等之感觉，且各人无不见，天
地之所现不决定，唯见一类境焉。）四、事物之作用。在难者之
意，以为上之四义，确系一般公理，故有此难。

　　处时定如梦，身不定如鬼，同见脓河等，如
梦损有用。

　　答曰：梦属唯心所变现之幻境，此人人共知者，当在梦中，确
有定处，并有定时。恒河之水，饿鬼见为脓血等类，固唯心之境
也；然众多饿鬼同见之，且一一饿鬼亦见脓秽等多物也。梦惊心
慑，梦淫精损，亦非实事而生作用。如是，则上之四义，不必实
境，亦可由心识构成，此分释也。

　　一切如地狱，同见狱卒等，能为逼害事，故

四义皆成。

再印度人普通观念，皆信地狱。地狱中狱卒等，非实有情
也；然恶人死后，同见牛头马面等狱卒，相逼为害。其中境况，则
有处所，并有时间，同类恶人等受痛苦，一一恶人遍受逼害，且
身体上离合冷热，起种种作用，无异生前。如是，则上之四义，即
此一端，俱可了解，此总释也。

> 如天上傍生，地狱中不尔，所执傍生鬼，不
> 受彼苦故。

难者又曰：狱卒如天界象鸟等一类傍生，不得谓非实有情。不
知此等傍生，由自业力，识熟成果。至地狱中之狱卒，则并无自
体业识，不过地狱中恶众生公共恶业构成之恶报。何以言之？盖
天上傍生，以乐因而受乐果；狱卒虽与恶人同处于火山冰窖之
中，然并无苦境可受。所执鬼如傍生之说，无有是处。

> 若许由业力，有异大种生，起如是转变，于
> 识何不许？

外宗谓：业力转变，现诸境界，要有待乎能生各大种子。夫
既许大种由业力转变境界，则谓识由业力而起如是转变，有何
不可？

> 业熏习余处，执余处有果，所熏识有果，不
> 许有何因？

又诘：业力不熏习之心外余处（如色根等），执能由业力转
变而生果，而不承认受熏之识有果，则又何说？

> 依彼所化生，世尊密意趣，说有色等处，如
> 化生有情。

难者闻业识现境不由大种之言，即举佛说以难之曰：既唯有
识，何为佛说有根尘等十二处乎？答意谓世尊说此，乃别有秘密
之意趣，特说色法等处，以为内根外尘，均属幻合，如幻术中所
现之化人，令小乘悟入是空耳。

识从自种生，似境相而转，为成内外处，佛
说彼为十。

盖识非外起，乃从阿赖耶识所藏之各自种子发生，其相分相
似外境相而现，因而列为内根外尘十处。如佛所说，乃教人由根
尘返求本源而不执著根尘之密意者。

依此教能入，数取趣无我；所执法无我，复
依余教入。

依此密意教入，能使未断轮回之数取趣众生，脱离我相，证
入无我真如。若欲证法无我真如，则非依此余之唯识等了义，不
能澈悟。

以彼境非一，亦非多极微；又非和合等，极
微不成故。

外教小乘，既执识外别有色法，而其学说复分多派。有谓彼
色之境为一大有体者，有谓非一体而为多数之极微者，有谓由此
多数极微可和合或和集者，皆无是处。盖境有差异，即非一体。极
微不可见闻尝触，则非实有，故非多数极微。至和合、和集二义，乃
依极微而生，极微之说既不成立，自然上之二义无所根据矣。

极微与六合，一应成六分；若与六同处，聚
应如极微。

兹先发挥亦非多极微之义，有反证二：一、极微之义，乃不

可再分之原子，然有四围上下等方，每方合一极微，则一极微而成六分矣，是仍可分，不成为极微。二、若此极微，与他之六可同在一处，不占方分，则虽聚集无数极微，仍各一极微也，纵使和合和集，亦不能成现象之境。

> 极微既无合，聚有合者谁？或相合不成，不由无方分。

难者转计曰：极微是无方分，故无集合；然极微而下之聚色，如子微等固可和合、和集，成为宇宙间形形色色之物也。诘曰：所云聚色如子微等，非极微之所合成耶？既云极微无合，又安有聚色能合哉！若又转计聚色亦复无合，则聚色有方分，既亦无合，又何须计极微以无方分故无合哉！

> 极微有方分，理不应成一；无应影障无，聚不异无二。

盖极微如有方分，即可由一而六合，不应成一。若无方分，即无形体，对于日光，应不成影，亦无障蔽，如是虽聚诸色，亦不成为影障。此有分无分，均不合理，乃明极微之谈，不能成立。

> 一应无次行，俱时至未至，及多有间事，并难见细物。

再证明彼境非一之义：盖境若是一，世间万有，应可一目了然，何以凡观一境，目光所接，均有先后次第不能一蹴即至？又凡一实境，均有间隙，且多有难见之细物，皆可证明境之非一也。以上摧破唯物理论已无余地，下更就事实问答之。

> 现觉如梦等，已起现觉时，见及境已无，宁许有现量！

或以吾人现觉有人物等，确缘外境，方有此觉。不知梦及梦等固无外境，如正梦时，意识感觉梦境，亦何殊醒时现觉乎？况吾人于现觉起时，唯能觉色、声、香、味、触者，及所觉之色、声、香、味、触同现起于五识中耳，本不计为心外之物。逮计为心外之境物，已落独头意识之非量境，早非现觉之现量矣。故现量中决无心外之境。

　　如说似境识，从此生忆念。未觉不能知，梦于见非有。

或又以事后忆念，为过去所受外境之证。不知由眼识等所生之相分，迷与外境相似，即能从此发生忆念，何须外境？譬如梦境，当其未觉，竟不知梦中所见，皆非实有。人生大梦未觉，亦复如是。

　　展转增上力，二识成决定。心由睡眠坏，梦觉果不同。

或疑谓：假如有人遇善恶二友，所闻之法，或邪或正，此二识乃因友教而生，仍属外境。不知各人自他诸识，展转相续，久之为正为邪，即得决定，岂假心外之力？或又转计无心外物，何以梦中杀人，不受罪报，醒时则必得杀果乎？然梦中之心，为睡眠所蔽，增上力弱，故造业感果，不及觉时之殊胜耳。

　　由他识转变，有害杀事业。如鬼等意力，令他失念等。

或又以为有识无身，不能成杀害事业。不知此业仍由屠杀者之意识身识所造，如鬼魔等乃能以意念势力，令人失念，发生种种病狂，此即印度人普通心理所承认者也。

弹咤迦林空，云何由仙忿？意罚为大罪，此
复云何成？

再如弹咤迦林，为仙人魔法所灭，一扫而空；忿恚意业，世
尊说如意罚大罪。何云有识无身，不能造业？

他心智云何？知境不如实，如知自心智，不
知如佛境。

或更追进一层，以他心智为有自他分别，唯识之说，仍不成
立。不知他心智者，所知他心，亦非真实。何以故？以知他心，如
知自心；未成佛时，自心不能真知自心，亦如佛境之不能知也。

我已随自能，略成唯识义。此中一切种，难
思佛所行。

作者只随自具知能，略述唯识意义，至诸佛世尊所有一切
境，一切种智，广大渊深，不可测度，则在学者默会焉可耳。

案：唯识之义，不过离心无境，原不必灭境求心，但了境唯
心，则由境空继得心空，自然转识成智，上穷佛法，下利人生，胥
在乎是已。（八年正月在上海尚贤堂讲，刘立青、史一如合记）

（《觉社丛书》第4期）

《唯识三十论》讲要

第一讲

此论是世亲菩萨造，三藏法师玄奘译。关于他们的历史，研究佛学的人，大概都是知道的，所以现在略去不谈。

此论共计有三十颂（在印度四句为一颂），好比中国之诗，故此论是用一百二十句的五言句之所构成的。但唯识另外有二十三颂而举其大数言之的《二十论》，及其余《唯识义章》等，拣别此唯识是三十颂论的一种，故名《三十论》。此论无论字面和内容，所发挥者都在唯识，所以叫他做唯识论。佛典原来有经律论之三藏，此论不是经和律，而是摄在论藏中的论，故名曰论。

关于唯识之所以然的道理，原是在本论颂文中正要说明的，不过在未说明之先，应当把平常人对于唯识一名所生的误会和谬解，下一个明白的纠正。

识：通俗所云知识之识，心理学上知识与感情、意志等对举之识，皆不过识的一部分，不足以尽唯识之识义，而且相差甚远；虽哲学上知识论之识义，亦非唯识论所明广义的识。唯识论所明之识，如一个具有组织的国际世界。盖每个人或每个有情，他的精神界（即心界）不是简单的，是由很多的复杂分子组织成功的，所以他是国际的集团，不是孤立的个体；犹之乎现今的人群世界，是有许多的国家民族组织成功的样子。唯识的本身有八，譬如八个精神的王国，八识正是统治此八国之八王；故无论一个人或一个有情，必定各有他们的精神界统治之八识。但识为能统治之王，既有能统治之王，必有所统治之臣民，若没有臣民被王所统治，便不成其为王国的王了。故凡是精神王国，一定有能统治之王与所统治之臣民（心所在内）。不但此也，此王国君臣所管领之海陆动植（根身器界），以及一切风俗、习惯、文化、法度、分限、部位（不相应行），乃至天空（法性）等亦在内。故每个人或每个有情，他的国际组织之精神世界，确如一个总聚的大集团。识虽只是各王国中的各王，然举王则全国乃全国际，无不统摄在内。

唯，谓独或但。若照字义讲起来，则上头所说的广义之识既不能成立，盖既是独但有识，则识便不成王国的王，而王国的一切亦将无从安立。所以此唯识之"唯"，决不能仅在字面上看成独但之唯。此唯字的意思，即是说：凡宇宙一切所有，都不离识的关系和不出识的范围。若照这种意义说起来，则唯识云者，不过说识能统摄万法，而万法可归纳在识中罢了！至此，对于唯识字义之误会已解除，而唯识之正义亦已略明了。唯识说一切法不离于识，虽重在说明一切法是识变起的或随识转变的，然并不是否定一切法有存在的可能，不过说他们不离于识或依识所变耳。

唯识实是遍于万有诸法的，但为什么一定要把一切法都归纳到识上去？讲明唯识对于人生究竟有什么利益？兹试约略分言之：若了解万有诸法时时刻刻都不离识的影响和受识的变化，而识又即是各人的自心时，则各人便皆可以有解决现实界苦痛的能力。盖我们人类与一般的有情，对于这个现实世界（即宇宙自然），的确有许多不可避免的痛苦。就人类而言，明明就有三重的压迫：自然，人为，个己。就自然界而言，有寒、热、风、雨等种种的灾难，这是自然界所给我们的苦痛。再就人为界言之，其苦痛更多，如社会上之习惯束缚，人与人间的罪恶等。三就个人的自身，又有饥渴、劳顿、病苦、死亡等。其他缺点尚多，若不明唯识，则便有如下四点的过患：

第一点，是悲观者流，看见这现实世界这许多的苦痛，仿佛都是固定而没有法子可以去改善，由是悲观厌世甚至自杀。第二点，是对于现实世界生了满足之想的人，由是便没有去谋所以改善进步之要求，而醉生梦死其中。第三点，有人以为在我们的现实世界之外，另外有个规定命运者，故向之乞怜哀求，因以产生神教去求神拜上帝。第四点，认我们自身之外，有一种势力使我们痛苦而向之争斗者，如古代之宗教有光明与黑暗争，现在唯物史观的学者之阶级斗争，亦是认定我们外边有些东西使我们苦痛，故极力向之争斗。

以上四点，若以佛法眼光看来，都是与事实真理不相符合，而其办法亦绝对不当，不但不能令人生世界改善进步，将反由错误之结果而更增加痛苦。佛法为要使人离去如上诸种错误而获一解除痛苦的进善人生之道，故有说明他的必要——唯识。唯识对于宇宙人生，的确有很高很圆满的改善进步的说明，要知万法（苦痛亦在内）都离不了识之关系，同时且多随识转变，而识又即是人人可以自觉自动的；则讲明了唯识，即没有什么不可解决的了。

以上明唯识名义及其宗旨的大略竟，以下解释论颂。

此论的三十颂原是世亲菩萨造的，但后来经了护法等十大论师的解释，故有如次之分段：初二十四颂明唯识相，次一颂明唯识性，后五颂明唯识位。就二十四颂中，初一颂半略辨唯识相，次二十二颂半广辨唯识相。略明唯识相中，先假设问答以发端。外人问曰：若唯有识，云何世间及诸圣教说有我法？举颂答他：

　　由假说我法，有种种相转，彼依识所变。此

能变唯三：谓异熟，思量，及了别境识。

此即外人对于唯识所生之误会也。此中的内外，是论主假设的，内是大乘佛教，外包小乘及世间一般的有识人等。问者的意思是这样的：既然说唯有识，为什么世间的及佛的圣教上又说有我有法呢？遂以颂答他。假，谓假托而说的，一切诸法并不是离了识另外有个我、有个法可以给我得到，不过是假托识之所变而叫做我和法而已。

假有二义：一、"无体随情假"，执有实我实法谬妄之情意而说的，实在是如龟毛兔角而毫没有体性的。二、"有体施设假"，这是有体的事实，这正是指的那不离识的关系而是识所变的，虽然用我或法的名义来施设假说，但仍不出识的范围，故不是妄情所执之无法，而是由依识所变之有体法，故名有体施设假。

但此中所云之我，与平常所说之我不同。此中所说之我乃是人格之义，《金刚经》上所说之我、人、众生、寿者，以及有情、庸人、贤人、圣人，推而上之连佛亦在内，故此我乃是人格的代名词。法，如世所云之物，广义之法如心理、生理、物理皆在法之范围之内，故法可概括一切"非人格"的东西。如佛学上地、水、火、风、色、声、香、味、触、法、眼、耳、鼻、舌、身、意等，都叫法。

转，有转变、转现二义。相，不是形相之相，这如科学、哲学之概念，即义的意思。如说物有物之概念，人有人之概念；又如说有人格之我时，即随其所说而转变其义相。又转相即显现之谓，因为说了我法，而我法即随之而显现，由思想言语而施设我法，由是转现我法之相。为要破除执著离识以外有实在我法的妄执，故举"彼依识所变"一句来喝破他！彼，即是上头之种种我法相。依，谓若我若法都是依识而变的，以下各颂中有很详细的解释，凡是有知觉或知识生起的时候，都有能知觉与所知觉之二面，在唯识论上说起来，能知觉的即是"见分"，所知觉的即是"相分"。谓依识所变见分，假说种种我而转成种种我相；依识所变相分，假说种种法而转成种种法相。而此能变之识，初即异熟，次即思量，后即了别境之三，了别境包括眼、耳、鼻、舌、身、意六识，其名义待到下文解释。

第二讲

今于略明识相后，以二十二行颂广辨唯识相——广明其义。此中略分三段：第一明三能变，第二正成唯识，第三广释妨难。第一又分三段：一、明初能变。颂文：

　　初阿赖耶识，异熟，一切种，不可知执受、处、了，常与触、作意、受、想、思相应，惟舍受，是无覆无记；触等亦如是。恒转如暴流，阿罗汉位舍。

此中共十句，两个半颂。阿赖耶，异熟，一切种，即是初能变识的三个专有名词。在三相中，阿赖耶属自相，论中说"摄持因果为自相故”，但又可名“本相”或“总相”。阿赖耶，翻译做“藏”，义如大藏经之藏或库藏之藏。据梵文，又可译处所之“处”；如喜马拉雅（赖耶）山亦梵音“雪处”之义，古名雪山，即以其为积雪之处故。藏有三义：一、“能藏”，如茶杯能盛茶，茶杯为能藏，而茶为所藏；此识亦复如是，能藏一切诸法种子，故一切种即为此识所藏。二、“所藏”，第八识所变起之根身器界，以及所现行的前七转识及一切诸法，皆以第八识为所藏。（注意：一切种虽不离第八识，然已是第八识中的能生万法功力，故言识的时候，读起来不能将识字略去，应读为一切种识，若单读一切种，则便不是能藏识而成所藏种了。）三、“执藏”，即我爱执藏，此正相当于处字意义，即我所执之处，故亦可名我爱执处。末那识中有我痴、我见、我慢、我爱，我爱执藏，即此识为末那之我爱所执藏也。总之，据自相言，名阿赖耶识。据果相言，名异熟识。据因相言，名一切种识。

异熟，原是据果而命名的，佛学言果有五种：即等流、异熟、增上、士用、离系等五果。前四为世间共果，后一为唯出世圣果。盖离系果最低限度，证入阿罗汉位始能获得此果，他是不与异生（凡夫）共有的。但在世间果上言，异熟果亦甚普遍，如有机之根身，无机之器界，其中一个一个的有情，一类一类的世界，俱可名之为异熟果。但此果不惟第八识有，即前六识亦有异熟果的性质，不过是异熟生，不是真异熟识罢了。故在此识的果上讲，可以云十之八九都是异熟性的果。不过第八识上的异熟果为最根本者，以内之根身、外之器界，乃至前六识之异熟生者，皆以第八识异熟为根本故。

熟谓成熟，如生米煮成熟饭，此中有三义：一“异时而熟”，如造因在前，得果在后，此果与因，在时间上有相当之距离。我们在果上看不到因，因上亦看不到果，因为如此，故常人误认得果为自然，以为一切诸法，皆是偶然凭空而来，在印度名自然外道。其实这些在佛学上讲起来，现在所生之果，都离不了先业之作因。有些果在因上可以明白看见的，乃属于士用果等者。二、"变异而熟"，成果之时，果异于因，因为从因至果，无论在空间上、时间上皆经了许多的变异（果不似因，因不似果）。三、"异类而熟"，类为分类，在佛法用伦理学上的道德性，把一切诸法分为四类，即善、恶、无覆无记、有覆无记。此中有覆无记者，即是有染污法覆障之无记性。第八识性，是无染污法覆障的，故名无覆无记。不但第八异熟果是无记，凡一切的异熟果，俱属无记性摄。故因虽然有善、有恶，果虽然有好、有丑，但据果的自身上讲，仍是非善非恶之无记性。盖一切异熟果报之法，皆由先前业因之引起使之不得不然而成果，则果是机械式的被动者，他是不负任何善恶的责任。犹之乎一君国的君主，以强有力的势力设政治、法律来统治一个君国。其中一切土地、人民皆受他的势力而左右转移，由他的势力办得合宜，则人民富强光荣；由他的势力办得差错，则人民贫弱堕落。但在国土人民本身完全是机械的、被动的、不负责任的。八识的因果也是这样，由过去第六识上之思心所，造成强有力之业因，而感得现在之异熟果；此果完全由先业因所引使而成，所以说他是机械的、被动的、不负责任的非善非恶之无记性。

一切种，就表面上说，什么种生什么果（豆种生豆果，瓜种生瓜果），而此中所说之种，并不是这样有形可见之种，他是第八识中一种潜在的功能差别。故在《成唯识论》中名"功能差别"，即是由第八识中潜在之功能而生起万有诸法之差别，即名一切种。

我爱执藏之阿赖耶识，到了阿罗汉位即可舍去；异熟识，至佛果时亦舍其无记之性，因佛果之初能变识完全是善性，故佛果不名为异熟；一切种，至佛果仍可名一切种识，因佛果具足一切无漏清净种故。

不可知执受处、了：以义读之，应当联贯上下文，读为不可知执受处，不可知了。反言之，即是执受处不可知，了不可知。执受处者，即相分（根身、种子、器界）。根身、种子深细，器界广大，三法在异生分上，俱不容易知道。但并非绝对不可知，至佛果大圆镜智现前，亦能照了无余。了，即能了别之见分。前说凡一切知识，有能知识与所知识之二部分，此了即能知识之见分，而所知识之相分即执受处也。

识为心王，而八识又都有他们的相应心所。这个初能变识的相应心所，共有五种，即遍行心所之触、作意、受、想、思。（八识相应心所有五十一，留在第三能变中明。）遍行者，盖遍于各识及一切之谓也。触，谓接触，一切知识生起之时，都有他的所依之根，与所缘之境。根、境、识三法和合，互相随顺而有接触之事。作意，谓警觉之功用，盖正在接触之时，而有警觉俱时生起之事。受，谓领受，依触而生受。再从领受法上取其分齐，即为名言所依之想。于触、受、想中所起之冲动造作，即思，盖思即是心之动，不但自能主动，并能驱役其余心心所亦随之而动。此五种心所与心王和合生起，谋共同之作用，故曰：常与触、作意、受、想、思相应。

在感受上言之，受有五受：有苦、有乐、有忧、有喜、有舍。舍受者，盖非苦非乐、非忧非喜之中庸受也。此识在五受中唯有舍受，故曰唯舍受。

是无覆无记，以伦理学上善恶标准分类来讲，此识是无覆无记性所摄。非但心王是无记，即五种心所亦是无记性所摄，故曰：触等亦如是。

恒转如暴流，这是以喻来显。恒者，谓此识自异生直到成佛位止，中间之长时期，都是如同暴流之水，前后不断一类相续。恒，谓虽暴而流续不断。转，谓虽流而暴变靡常，刹那刹那，前头的暴流而非后头的暴流。又如接连之影片，影片虽然有一片一片，前头的人影非后头的人影，但总是一类相续，接连不断的前后相似。阿罗汉有三种义，三义中最主要之一义为无生。无生者，即永不受此身以后的生死，即已无生命流之束缚也。舍，即舍去我爱执藏之名，因为到了阿罗汉的时候，已证我空真如，七识永远不执第八阿赖耶识为自我，即名为舍，非谓全舍第八识也。

第三讲

今天讲第二能变，即第七识，在未解释以前，先出颂文：

次第二能变，是识名末那，依彼转缘彼，思量为性相，四烦恼常俱：谓我痴、我见、并我慢、我爱，及余触等俱，有覆无记摄。随所生所系，阿罗汉、灭定、出世道无有。

这里共有三颂十二句，比前初能变多两句，以从上文所说的次第上讲下来，此名第二能变。若以八识分配上讲起来，则此名第七识。末那是音译，其义为"意"，即是意思的意。以前有人

名之为染污意，以为末那完全是染污的。实则此意可染可净：在
凡夫地位上有染，可名染污末那，若一旦证入圣位，即可名清净
末那，故染净、圣凡之关系，均由末那转与不转、清净与不清净
而分判。又意有"意识"与"意根"之分：在第三能变中有眼识、
耳识、鼻识、舌识、身识、意识，普通所谓意识，是第三能变中之
第六意识。但彼意识亦如眼识等，必定有他所依之根，他的所依
意根，即是此第七末那。

依彼者，彼即指前初能变之阿赖耶识。意谓此第七之意根，亦
是托初能变识为他的根本依而转变生起，好比眼识依眼根而生起
的样子。缘与对向、观察或虑知之义相仿，盖末那不惟依彼初能
变识而转变生起，亦以彼初能变识为他所对观之境。

思量为性相者，意的定义即是思量。性，是识的自性，即自
体分；相，是识之行相，即是见分。自体分、见分，正如以前所
借喻的国王一样。此识的思量特别不同，在《八识规矩颂》中，说
明为"恒审思量我相随"。既然是恒审思量，可知他的思量是始
终没有间断的，而且很深刻的。他是既恒且审，故依照他的原意
解释起来，恒即刹那刹那连续不断，而审是精深谛审。盖思量之
意，在八识三能变中都有，为什么独在此中加以思量（意）之
名？论中说此识思量之义，比前六识和第八识都来得强盛。又若
在恒、审二义上说，前五识思量，既不恒亦不审；第六意识之思
量，虽审而不恒；第八识之思量，虽恒而不审；故恒审之思量，唯
第七识有，所以特名此识为意。

四烦恼常俱，这是说明他的相应心所。前来说过，识之自体
分、见分喻如王，故思量为性相喻如王；依彼转缘彼，喻如王所
统属之领土；但他所统治之臣民是什么？故这里说到心所。此识

心所，依《成唯识论》中所明，他的心所有十八种：惛沉、掉举、不信、懈怠、放逸、失念、散乱、不正知之八种大随，别境中之慧心所，及此中之四烦恼，与五遍行。此颂没有把他们完全提出来，盖已包括在及余触等俱之"等"字里了。这四种俱称为烦恼者，因他们的性质都是烦扰恼害，足以扰乱我们精神界的安宁；我们的精神界，虽然时时刻刻受这四种烦恼的扰害，但从来都没有法子制灭他。譬如一个中央政府，对于国家、社会，没有那个不想他的国家太平，社会安宁，但结果总是治乱不定。这由痴、见、慢、爱之四烦恼，既能直接扰乱恼害我们的精神界，亦能间接扰乱恼害我们的现实界。

痴即愚痴，是对于若事若理昧然不知而妄以为知的，故痴亦并非完全不知。我见者，即是他所抱之意见，人们对于宇宙人生，既于不知中妄以为知，并且还认定其自以为知的决定不错。此中佛典中，有一很确当的譬喻，譬如聚集了一大堆的盲人，在那里摸象，有的摸到尾巴的说象如扫帚，摸到四脚的说象如屋柱……这在我们看起来非常可笑，然在摸象的瞎子，总以为自己摸到的决定不错。这譬如一般学者，把他所执著的什么什么见解，或什么什么主义，认定他能改造社会国家，不管通不通，固执著硬要去干。我慢者，即普通所谓虚荣夸大之心理，既有此种虚荣夸大之心理，于是认定他的个己、他的国家、他的民族高过一切。仿佛惟有他是上帝之骄子，其余刍狗不如。但我慢亦有好的一方面，如"饿死事小，失节事大"，为要我的人格高过其余的人，所以虽处在贫困中亦不肯为非作恶。此中由我痴而有认定第八识为我的我见，由我见而生我慢，和爱著要我永远生存的我爱。俱，即是共同的意思，凡与此识相应之心所，都是相续地刹那刹那共同并立，包围此识，喻如国王恒被国中的臣民所包围。有覆无记摄者，即是说明此识在道德上的性质，有覆谓有烦恼盖覆，但虽有烦恼盖覆着，而他的性质仍是非善非恶之无记性，盖末那无直接损害于他人之可能。

随所生所系，末那随第八之异熟报生在那一界或那一道的时候，他即随着成为那一界或那一道的末那识。并且随着系在那里，如第八异熟报生在人类中，末那亦随之而生起并且系在人类中。

这里，为便于使人明了，重以喻来显明：依彼转缘彼，系领土；思量为性相，系王；四烦恼常俱，系国中的臣民；有覆无记摄，系国体国法；阿罗汉灭定等，系此王国已打破国界而进入大同世界。

阿罗汉，前已说过，到阿罗汉位则染污无有，亦已可知。灭定即是灭尽定，亦名灭受想定，入此定时，前七转识皆不现行。此定为最深之禅定，入此定时，如植物然，看去如同死人，连气儿都没有了，但是他的生命仍旧存在着。此四烦恼常俱之末那，一旦到了灭尽定的时候，即无有现行，舍了染污末那之名，故名灭定无有。出世道之道，在佛学中与通用的意义很不同，普通所谓道，即是一种理路，或者名之为道路之道。但在佛学上实是觉的意思，从道的自体来说，即是能证真如之出世的智慧。此四烦恼常俱之末那，一到出世道现起的时候，便没有了，故名出世道无有。

第四讲

今天继前释第三能变。颂文：

> 次第三能变，差别有六种，了境为性相，善不善俱非。此心所遍行、别境、善、烦恼、随烦恼、不定；三受共相应。初遍行触等。次别境谓：欲、胜解、念、定、慧，所缘事不同。善谓：信、惭、愧、无贪等三根，勤、安、不放逸、行舍及不害。烦恼谓：贪、瞋、痴、慢、疑、恶见。随烦恼谓：忿、恨、覆、恼、嫉、悭、诳、谄与害、憍；无惭及无愧；掉举与惛沉，不信并懈怠，放逸及失念、散乱、不正知。不定谓：悔、眠，寻、伺二各二。

上面共计七颂二十八句，总解第三能变的六个心识，即是把眼识、耳识、鼻识、舌识、身识、意识，作为一类一聚来说明的。现在就依着上面的颂文，略加说明如次：

次第三能变者，由初能变、二能变按步说下来，这里便是第三能变。差别有六种者，即是说第三能变中有六个识，而这六个识又各有各的自性差别不同，即是各有所依之根和各有所缘之境，如眼识依眼根，缘他的色尘之境……他们如果没有到达转依的时候，眼识决不会缘声，而耳识亦决不会缘色。纵然在一个时候有二识或三识同起（如眼识正在缘色之时，同一刹那耳识有闻声或身识有觉触的事），然而他们依旧"眼不超色，耳不出声"。因此，故眼识有眼识之系统，耳识有耳识之系统，乃至意识有意识之系统。这里有不可不注意的，虽前五识生起之时必定有同时意识来参加并起，然意识生起之时有时可以与前五识丝毫无关系。如坐在此间，忽然想到以前在鼓浪屿听到一种什么声音，或见到一种什么景色，便只是意识而毫无前五识关系。由此，故知这六个识是有各个之自性与本位的，不然，一识生时余识亦应生起。

谈到了境，八识都有了境之义，如初能变识了不可知执受处之境，第二能变识了第八识见分为我之境。惟有所不同者，八识和七识所了之境，深而且细，不容易令人觉察到，而这六个识所了之境，粗显分明，故容易使人明了觉察。如眼识了长、短、方、圆之境，乃至意识了生、灭、去、来之境。了境为性相者，性即自证分，相即见分，意思即是说：眼识以了色尘为性相，耳识以了声尘为性相。

善不善俱非，此六识在道德性上讲起来，善性、恶性、有覆无记性、无覆无记性之四性，完全具足。

这里，对于意识与意根两个名词，犹有略加辨别之必要。夫八识皆有他的所依之根，前五识依前五根，这是显而易见的事实，意识既与前五识性质不同，当然没有依前五根的理由，那末他究竟依何种根呢？要知道，第六意识也是一种识，所以名之为意识者，因他以末那意为他所依之根故。因此，可以知道第六识所以名之为意识，是因他（末那）得名的，而末那是就本身得名的。然此在三乘共教中，对于这个问题往往含糊其词，总以为前念灭去之意识，即为此意识所依之根，其实是方便之说。

以下释此识相应的心所，此识具有善、恶、有覆无记、无覆无记之四性，故于五十一种心所亦完全相应。现在为使人易于记忆明了，顺便将八识三能变中所相应之心所，或少或多，表列于次：

异生八识相应之心所：

初能变：惟触、作意、受、想、思之五遍行。

次能变：五遍行，与痴、见、慢、贪，并别境中慧，及掉举、昏沉、不信、懈怠、放逸、失念、散乱、不正知之八大随烦恼，共十八心所。

三能变：（一）前五识：五遍行，五别境，善十一，及贪、瞋、痴，与无惭、无愧，并八大随烦恼，共三十四心所；（二）第六识：五遍行，五别境，善十一，及六根本烦恼，二十随烦恼，四不定，共五十一心所全。

佛果八识相应之心所：八识平等各唯五遍行、五别境、善十一共二十一心所相应。

上表是把六位五十一种心所，拿来统属在八识三能变中的。由此表看来，我们可以知道，初能变识所相应的心所最少，只有触等五个遍行心所。第二能变比较多些，共有十八种心所与他相应。前五识比较又多些，有三十四种心所与他相应。第三能变中之第六意识，则与五十一种心所完全相应。因此，我们又知道，第六意识的作用，是比其余的识都来得普遍而有势力。初能变和第二能变相应的各种心所，在以前已解释过了，现在就第三能变识中所相应之心所，在前没有说过的，再略加讲明：

此心所……一颂，即是把五十一种心所，分成六类，所谓六位心所：一、遍行，二、别境，三、善，四、烦恼，五、随烦恼，六、不定。遍行之义，前在初能变中已经约略解释过了。别境者，即是缘特别境而生起之心所。善心所者，惟在善心方生起。烦恼，谓为一切染法之根本烦恼。随烦恼，是根本烦恼之分位或根本烦恼之流类。不定者，谓于善不善三性等没有一定的标准。这是六位心所的类义。三受，谓苦、乐、舍，六识不但有这么多的心所，且亦遍与三受相应。然此三受分开来说，即成五受，谓忧、喜、苦、乐、舍；盖从苦乐二受中，又开出忧喜二受。为什么要这样分别？因在身在心的关系，所以有此说法。如苦乐兼通身受，而忧喜则蕴在心中。但此不过一往之说，其实是可以相通的。相应者，谓心心所和合共同生起而成一致之作用。如心王与受相应，同缘一境而成和合一致之活动工作。

初遍行触等之等字，包括触、作意、受、想、思之五种心所，在前已经说过了。

现在来明别境心所：云何谓欲？欲有希望要求之义，自己认为可爱的境，希望要求欣合；自己认为不可爱的境，也希望要求脱离他。胜解，谓强胜之见解，即是已经成为决定之见解，故论中说"印持决定"为胜解，非一般浮泛的见解可比；胜解是对于事理已经有了很坚决的定见和极锐敏的确解。念，是对于经历过来的境事回忆记念，假使向来一回都未曾经验过，便无从回忆记念起。定，谓注意集中，要依继续观察之境方得生起，这种心所要先由念心所记念一种所观察之境，由是注意集中常常记念，以全副精神专注一境（所谓心一境性）便是定心所。慧，是对于所观之境得了一种抉择判断，即是经了一种很深刻的观察所成之智慧。这五种心所，都是在各别不同的境事上生起的，故名别境心所。颂中所谓所缘事不同，就是这个道理。

信、惭、愧等十一种善心所，为一切善法所依。信，非世间普通所谓之信，普通所谓之信，并不专指善的方面，恶的方面亦有信，如信非道以为道的迷信、邪信。此中所云之信，完全是善的，论中说明信的定义是"于实、德、能，深忍乐欲心净为性，对治不信乐善为业"。可见这个信心所完全是清净善法，连一点染污都没有，正可谓之自性清净心。惭、愧，即是一种羞耻之心，若在自他两方面来讲，尊重自己的人格而羞恶便是惭，尊重社会的舆论而耻过便是愧，故论中说"依自法尊贵增上，崇重贤善，羞耻过恶，对治无惭，息诸恶行"名惭。又说"依世间力，轻拒暴恶，羞耻过罪，对治无愧，息诸恶业"名愧。无贪等三根，即无贪、无瞋、无痴之三善根。质言之，无贪则能惠施，无瞋则能仁慈，无痴则能明智。勤谓精进，安谓轻安，凡是善法，大抵有轻安意，不过真正讲起轻安来，非定心不有。不放逸，原即精进的意思，不过若一味的精进勇往直前，不无疏忽之失，有了不放逸的心所，则能于精进加行中，时时谨慎小心。舍，即是没有得失之心，对于修证所得上一毫无所住着。因此，终日行布施、修禅定，若行所无事者然。不害，即是一种悲愍之心，对于一切有情，一点也不损恼伤害他。如上，是对于十一种善心所的说明，若详细的解释，可以参考《成唯识论》或《百法明门论》。

　　贪、瞋、痴、慢、疑、恶见，此即名为六种根本烦恼。此烦恼中贪等，与第二能变中之痴、见、慢、爱（贪）四烦恼有广狭不同。第七末那上之四烦恼，专是指末那执第八识见分为我而说的。此六种烦恼是在世间出世间的一切事理上说的。贪，谓贪着，对于"三界有"及"有具"的染着不肯放弃。瞋，是对于一种违逆境上生起忿恨等心。痴，是对于一般事理暗昧不明，即是无明。慢，谓贡高，其性为"恃己高举"，但亦有表面上似乎谦虚，而骨子里实在是轻慢者，如有人谓"他好由他好，我不好由我不好"。若如此居心，佛经中叫做"卑劣慢"。此慢差别，有七种、九种之别，其名数可以参考《集论》《五蕴论》等。疑，是对于事理没有决定的能力，即是犹豫不决。恶见，是对于一切事理颠倒推度，即是所谓恶知恶见的人，这个恶见是各种恶见中的总相。若分别讲起来，则有五种：一、萨迦耶见，即我、我所见，是在五蕴上所起个体之见。二、边执见，即是于一种个体上，执断或执常。三、邪见，谓拨无因果，即是一种虚无之见。四、见取，谓于种种见中执取了一种为"最胜清净能得涅槃"。五、戒禁取，即是一种迷信的戒条，如有些宗教所制的种种戒条，于实际道德上一点关系也没有，但在他们犹执为"最胜清净能得涅槃"。此上总别共有十种烦恼：贪、瞋、痴、慢、疑五种，谓之五钝使；身见、边见、邪见、见取、戒取五种，谓之五利使。

随烦恼谓忿等两颂，即是颂二十种随烦恼：忿，即瞋之暴发。恨，是把瞋怀恨在心。覆，即于所行恶不肯发露，是痴之分。恼，亦瞋心之触发者。嫉，亦瞋心之类，是不愿意人家有名誉光荣者。悭，是一种吝啬，是贪之分。诳，谓欺诳，即是一种虚矫诡诈的行动。谄，是一种取媚于人的行动。此二是贪痴分。害，属一分瞋恚之心。憍，是一种贪眩自德的心理。以上十种烦恼，纯是恶性，各别生起，狭而且窄，故名小随烦恼。无惭，是不顾自己之人格。无愧，是不顾他人之非议。对于恶事不去改，而对于善事亦无心去做，人们到此，便真个没有药可医。此二种之烦恼，自类俱起，略微宽泛，故名中随。掉举，是心对于境不能寂静之谓。昏沉，是一种懵懂心理现象。不信，即不信实、德、能，及三宝真净功德。懈怠，与精进相反，懈怠在表面看起来，不去工作名懈怠，其实对于没有利益的工作，即使去拼命努力，亦叫做懈怠。放逸，是一种纵荡。失念，对于事物忽略不能明记。散乱，是一种流荡忘反，所谓心猿意马。不正知，即是一种谬误知解。以上掉举等八种心所，通不善、无记，遍于一切染心，故名大随。

悔是懊悔，眠即睡眠，此二合为"悔眠之类"。寻即寻求，伺谓伺察，即是在已寻得的境上，加以审观细思，此二合为"寻伺之类"。寻伺，有处译"觉观"，即是思慧之作用，粗略之思慧谓寻，精细之思慧谓伺。一般学者所谓思想，所谓创造什么什么学说或什么什么主义，即是这两种心所的功用。此二类各二的四种心所，不定是善也不定是染，故名不定心所。

以下明此识生起与不生起之分位。在初能变和第二能变中，临了都讨论到生起不生起或舍不舍的问题，如初能变临了说"阿罗汉位舍"；第二能变临了也说"阿罗汉、灭定、出世道无有"。此第三能变末了，当然也要讨论到这个问题。颂文：

依止根本识，五识随缘现，或俱或不俱，如波涛依水。意识常现起，除生无想天，及无心二定，睡眠与闷绝。

这里所说的根本识，即是初能变识。前七识皆共依止于阿赖耶识，但于忽起忽不起的前五识为最显然。随缘现，即是说前五识随根境之缘而现起，或一识独起，或二识俱起，乃至五识俱起，没有一定标准；好比波涛依着海水随风势之缘而起，风的缘大便起轩然大波，风的缘小则惟见一二波纹而已。故曰：或俱或不俱，如波涛依水。意识是常常现起活动的，乃至睡中做梦也是他不住的活动。但亦有时不起者，如生无想天。经过世界成坏五百大劫，其中都没有意识生起；还有二种无心定（无想定、灭受想定）也没有意识生起，并及睡眠，同闷绝（深睡连梦也不做，闷绝即是失了知觉的晕去）二位，也没有意识生起。故意识有五位不起：一、无想天，二、无想定，三、灭尽定，四、睡眠，五、闷绝。乍生与正死的时候，也归在闷绝位中。

第五讲

三能变识，大要已经讲完了，再来讲成立唯识的所以然。

"已广分别三能变相为自所变二分所依，云何应知依识所变假说我法非别实有，由斯一切唯有识耶？"这是《成唯识论》的释文，意思就是说：前来所已广为分别的三能变的识相，各识俱有他们的所变的见分、相分，而这所变的见分和相分，又俱是依识所变——依于自证分的识而变起见相二分。但是怎样知道种种有生命的有人格的我，和种种非生命非人格的法，都是依识所变的见相二分假托而说，离识以外并没有所谓我、所谓法呢？为解答这种问难，所以有下面的颂文：

是诸识转变，分别所分别，由此彼皆无，故一切唯识。

此颂正是成立唯识的所以然的理由，前只讲三能变识，而没有讲到都唯是识的所以然。此颂可以包括《唯识二十论》的全部义理，若要广为辨明，可以参考天亲菩萨的《唯识二十论》及窥基大师的《述记》，现在略为说明如次：

是诸识转变，即是指的三能变识（八识心心所，见分、相分、自证分一齐在内），三能变识有转变生起虚妄分别和所分别的作用，如第七识转变生起之时，则有痴、见、慢、爱等分别所分别，由此有我相等。所谓分别，即是见分。所谓所分别，即是相分。一切有情各各都有八识，有分别、所分别；而意识我、法见相应的分别上，即有我相、法相。这里正合第一次所说的一切有情各有八识，犹之乎合了许多的王国组织成一个国际世界之喻，故每个有情，各各皆俱有他的八识心心所等之唯识宇宙。凡是诸识生起，都有见分、相分，依见分有能分别，依相分有所分别。看是什么识生起，若眼识生起，即有眼识之分别见分，和青、黄、赤、白、长、短、方、圆等所分别相分生起。若耳识生起，则有耳识之分别见分及声音等所分别相分生起。由此类推，乃至第八识生起，亦有第八识的分别见分，和根身、器界等所分别相分生起。由是，看他是什么识生起的分别所分别，即归还到什么识上去。除由识上所起的分别、所分别，实在没有所谓我，没有所谓法，由此可知我们平常以为实在的宇宙万有，不过是诸识转变生起之分别、所分别而已。彼实我、实法都是子虚乌有，故颂言：由此彼皆无，故一切唯识。彼皆无的彼字，即指实我、实法。

以上所说，是很概括很简略的，但在《唯识二十论》中，对于这个问题，就有很周详的问难解答。比如你说一切法皆是唯识所变，那末人处在夏天的时候，你何不变点雪来玩赏玩赏。又如某处原是没有山水的，何不拿你的识来变一条河或一座山呢？如此，在《唯识二十论》中有九重问难，无论你举那一种法来问难，他皆可以回答你，这是某一种识上的分别见分和所分别相分，除此没有离识之我法。故讲到唯识，并不是说只由你一个识转变生起，是由众多有情各个八识各别转变生起。亦并不是你一个人有八识，有见相二分，凡是一切有情都有他的八识，有他的见相二分。于是由各个有情之八识，交互融遍而成此唯识之大宇

宙。拿哲学的名词来说，一方面是多元论，而另一方面又是无元
论。从诸识的义上讲，名多元的多元论，从就是分别所分别的义
上讲，又可名无元的无元论。

前来二十二行半颂，广明唯识相的，已讲了十五颂半，以下
还有七颂，是广释疑难的文。疑难有二种：一、违理，二、违教。在
违理中又分二种：一、分别无因难，二、生死无依难。分别无因
难者，意思是说：若照以上所说的，既只是分别、所分别的识，然
种种分别究竟由何而起？为要解答此种疑难，故有以下的颂文：

由一切种识，如是如是变，以展转力故，彼

彼分别生。

所谓种种分别者，并不要离识以外另有一种东西来作分别的
生起之因，而一切种识中之一切种，即可为分别所生起的因。一
切种识的种子，在以前已经说是一种潜在的功能，在没有发生现
行的时候，似乎看不出他的功能作用来，但不能因此就说他没有
这种潜在的能力。如手原是能写字持物的，但在没有写字、没有
持物的时候，显不出他的功能，然不能因此便说他连这种潜在的
功能也没有。故一切种含藏于第八识，尚没有发生现行的时候，似
乎是没有什么，其实里头时时刻刻在"增长广大"。又如参禅的
人，参到"心空及第"的时候，连身心世界都空了，然以后不久
又现出身心世界了。当心空及第的时候，便是一切种识没有发起
前六识见、相分的现行，当又重现的时候，便是前六识的见、相
分又从一切种识现行。如是如是变，即是变了又变。一切种识中
所藏之种子，法尔恒时展转变动，并且刹那刹那生灭变化，使种
的势力渐渐增长广大。复次，每一法的种子起现行，又须其他现

行法展转相资，因此，颂文说以展转力故，彼彼分别生。以一法为主，而各有其伴为他的所依。法法资助，法法相依，如七识与八识互为俱有依，五识依八识为根本依，和以八识所变之五根为不共所依。再严格言之，如眼识要九缘生，耳识要八缘生。生死无因者，平常讲生死相续、生死轮回的人，一定要假一个具有单一性、统一性、恒常性的灵魂或神我。就是普通谈佛法的人，也往往有这种意思，以为若不依一个单一性常住性之神我或鬼，便不能谈死生相续似的，故生出如下的问端曰："虽有内识而无外缘，由何有情生死相续？"举颂文答之：

　　由诸业习气，二取习气俱，前异熟既尽，复
　生余异熟。

诸业有善、恶、无记等三业，亦可说是身、口、意三业。但发为染业的根本却是烦恼，犹如十二因缘以无明为根本。然业并不是别的东西，即是前六识相应的思心所，故平常说造作名业。若谈到造作最猛利的，便是第六识中之思心所，由是思心所与善法相应，便造作种种善的业；思心所与恶法相应，便造作种种恶的业。由是熏习而成种子，种子再发生现行，渐渐增加或减少。与所俱的能取见分、所取相分或名言取、我执取之二取习气，存在同时同处；于是有业习气即有二取习气，有此二取习气俱的业习气，即有现起异熟果报之可能。因此，由前头的业习气所生的异熟报尽了，又生后头的异熟，如是展转相生，恒时不断，足可成立有情的生死相续；何须别有他法？

以上违理难完了，以下再释违教难："若唯有识，何故世尊处处经中说有三性？应知三性亦不离识，所以者何？"举颂文答曰：

> 由彼彼遍计，遍计种种物，此遍计所执，自
> 性无所有。依他起自性，分别缘所生。圆成实于
> 彼，常远离前性。故此与依他，非异非不异，如
> 无常等性，非不见此彼。

三性，即遍计所执性，依他起性，圆成实性。彼彼者，明周遍的计度之多，分别有浅、有深、有广、有狭。七识有深刻的分别，六识有普遍且深刻的分别，故曰由彼彼遍计。遍计种种物即是所遍计之若我若法，像这种所遍计的若我若法，他的自性都是没有的。依他起自性，是由种种分别之缘所成的，除了各各分别之缘，亦没有所谓依他起性的自性。圆成实于彼，常远离前性者，圆成实不是另外有个独立体性，即是在依他起上常远离前我法执；故此性亦可名中道实相，或毕竟空。常恒普遍，与《起信论》之如实空义，如实不空义相当。意思是说圆成实性于依他起性中常常与遍计执性相远离；倘若你于依他起上有所执著，便是遍计执性。故此与依他非异非不异。此，指圆成实性，此与依他起性，何言非异？因圆成实性原是圆满成就遍于一切依他起法中的真实性，既然遍于一切依他起法，当然便非异了。何言非不异？圆成实性既然是圆满成就的真实性，可见他是没有时间、空间性的，没有生灭、去来相的。而依他起性则不然，他是有时间、空间性的，有生灭、去来相的，故论中有两句话说得最好："异应真如非彼实性，不异此性应是无常。"同喻，如无常、苦、空、无我等性，和无常、苦、空、无我等法。盖三乘佛学上常常讲到诸行无常，如色法无常，受法无常，乃至一切有为诸法通统是无

常。但遍于一切法的那个无常等性，他与色、受、想、行、识的无常之法，也是非异非不异的。因无常等性，也是遍于行等诸法的，故论中又说："无常等性与行等法，异应彼法非无常等，不异此应非彼共相。"非不见此彼者，论中释为"非不证见圆成实性而能见彼依他起性"。质言之，倘若你不真实证见圆成实性，则依他起你也见不到。更进而言之，倘若不真实证见二空所显的理性，则于依他起上决不能遣遍计执空。这里有四句颂说得很好："非不见真如，而能了诸行，皆如幻事等，虽有而非实。"

"若有三性，如何世尊说一切法皆无自性？"此盖佛在经中往往说到一切法无性的话，所以有此问端，举底下的颂文以答：

> 即以此三性，立彼三无性，故佛密意说：一切法无性。初即相无性，次无自然性，后由远离前，所执我法性。

以上的颂文，明白解释起来，这里所谓三无性，就是依着前头三性而立的。因为佛鉴于世间的人们，对于一切事物一定执着有个实在的自性，佛为破他们这种妄执，密意方便说一切法无性。初即相无性，是说遍计所执的我相、法相都没有体性的。次无自然性，是说依他起性本即是缘生性空，但人们不了此理，总以为其中有个能生诸法的自性，如中国从前说天地由自然或太极生，印度数论等师说由神我与实性而生，故说无自然性。至于圆成实性也说他是无性者，是因为他远离前头的遍计执所执的我法性，故也方便密意说他是无性。因此，也可以知道，若有人执圆成实性为实法，便与执我、执法，同一过失。

第六讲

上来所讲了的二十四颂，名唯识相，正是说明一切法唯识义相。现在来讲明唯识性的第二十五颂：

> 此诸法胜义，亦即是真如，常如其性故，即
> 唯识实性。

这里所谓胜义，即是指的"后由远离前，所执我法性"的那个无执的圆成实性。此性是二空所显的，故又名胜义无性，是胜义中无我法二执之性。诸法是指世界一切所有的东西，通常所谓宇宙万有，佛典谓之法界诸法。这遍于诸法的胜义，是佛菩萨等最高最胜的智慧所证得的境义。此胜义又名第一义，在其他的经论中说起来，亦即所谓真如。真是表他没有虚妄，如是表他没有变异。如说此人真实，即指此人无论在什么地方和时候都是一样而没有变异之意，所以真即是如，以如故真。在二空所显中，你要找一般人所认为有一定区别的一个一个的我和一件一件的法，实在没有，所有者惟诸法胜义而已，惟真如而已。假如我们要想给真如下个适当的界说，便很可以下面的"常如其性故"的一句话答完。因为真如是一切法的实性，而一切法的真实性，即常常如是者耳。《心经》上所说的"不生不灭，不垢不净，不增不减"，也就是指已经离去了一个一个的我相和一件一件的法相的真如。这常如其性故的真如，是由佛菩萨最超胜最圆满的智慧所证得之谛理，他是从无始之始乃至尽未来际，常常时恒恒时都是如此，故说他常如其性。若从唯识论中去说明，也可以名他为"唯识实性"，故下面接着就紧随一句即唯识实性。一切法唯识的

相，是有生灭、有去来的。而遍于一切法的唯识性，是没有生灭没有去来的。此唯识相与唯识性，更进而明白言之，不离识的各种不同诸法，时时刻刻在变化的名唯识相，不变的名唯识性。

关于一切法唯识相和一切法唯识性，在以上都讲完了。但这不过只是说明所观的境而已，一点还没有亲证到；这只是根据佛和弥勒菩萨等现量智所证法界中流出来的经论，我们拿来依照研究他是如何如何的一种所研究的境义罢了。我们对于那种境界还未有关涉，好比我们没有到过鼓浪屿，听人家说鼓浪屿如何，或从图画中看来是如何，所知道的鼓浪屿不过是名义图象而已。一切法唯识相性的境界，不是研究了知便可了事，是要依照所知的去实证才行，不然则与可想而不可即的十洲三岛同一虚渺。为了要人依照佛菩萨所已亲证过的发心去实行亲证，所以又有后面的五颂，专门说明行位。论上说：如是所成唯识相性，谁依几位，如何悟入？谓具大乘二种种性：一、本性住种性，谓无始来依附本识法尔所得无漏法因。二、习所成种性，谓闻法界等流法已，闻所成等熏习所成。具此二性方能悟入。何谓五位？

一、资粮位，"谓信大乘顺解脱分于识相性，能深信解"。

这里的意思，就是说，由什么人，用什么方法，到了什么程度，然后始谓之悟入唯识性相？现在就说，要大乘根性的人，又要具一本性住种性、二习所成种性的两种根性，然后方可以悟入唯识性相。本性住种，就是本来已经有了无漏大乘种性。法界，是佛菩萨所亲证的法界诸法，以声音言辞来均等流出以施众生，故名法界等流。具了这两种大乘种性，然后经历五位，渐次悟入。如人行路，要经过五个站。所谓资粮位者，如人要行远路，必须预先筹备路费，这个第一资粮位，即是准备时期。大乘顺解脱分者，分是因素，即是说我们对于唯识相性，若能起很深切的信乐和透明的了解，则将离去烦恼生死之苦，而得顺大乘自由自在的解脱；因为他对于唯识相性能深信解故。那末，这些进境的相状究竟如何呢？先以颂来解答：

乃至未起识，求住唯识性，于二取随眠，犹未能伏灭。

乃至者，明于此中间已经做了很多的工夫。因为前颂说"非不见此彼"，而引起要去求见唯识性的心，不过还在筹备期中，犹没有一种坚决的心一定要立刻即到那里去。在这里应当有三十种阶位，即是十住、十行、十回向，在《华严经》等说明的很详细。这里以前，已经经过十信心，此位正是修习资粮而开始行六度，积集福德智慧来作行长路的资粮，使求住唯识性的目的能达到。虽然已有心要去求住唯识，而自己还没有力量去伏灭二取的随眠。所谓二取随眠者，是在识上有能取见分被取相分的种子习气，眠伏在第八阿赖耶识中，时常遇缘即起。在这个资粮位，对于二取随眠，非特不能断除，即完全制伏犹尚不能。

二、加行位："谓修大乘顺抉择分能渐伏除所取能取，引发真见"。所谓抉择者，即智慧是。对于是是非非已能抉断择舍，而发心直向目的地进行，一定要去亲证到一切法究竟是不是唯识，非马上得到一个判决不可！由于这种坚决的心，对于前头的二取烦恼，便能渐伏渐除而引发真见，去亲证唯识，即所谓见性。其相云何？颂曰：

现前立少物，谓是唯识性，以有所得故，非实住唯识。

所谓现前立少物，就是还没有能亲证唯识。好比由厦门开船往上海，正在海程中进行，而时时刻刻皆对着上海的方向，以为前头的进程，就是上海。在这个加功用行的位中，虽然在坚决的去观察唯识性，但于所观的，犹是能观心上所立的少许之物，以为这个就是唯识性，故依旧犹在二取中。因为，所谓亲证唯识，重在无得，假使有所得，则免不了能取、所取之是非，既然免不了能取、所取之是非，便不能空去我法二执。其实，若你亲证到唯识，则于唯识之性契合为一，无所谓得与不得，仿佛我们已经到了目的地，目的地与自身现在完全一处，还要立一种要到的目标何为！

三、通达位："谓诸菩萨所住见道如实通达唯识相性"。这就是已经见到唯识，有一颂说明他的相状：

若时于所缘，智都无所得，尔时住唯识，离

二取相故。

这就是说：倘若你于所缘对的境，在明明的智中完全没有所得的时候，则是已经真正证到了唯识；于唯识性合而为一，已经没有我法之相，普遍圆满一味平等了。

四、修习位："谓诸菩萨所住修道，如所见理，数数修习，伏断余障"。这是于已经亲证的唯识性相，练习得很熟习了。如我们已经亲到了目的地，而对于目的地的民情风俗，都十分熟悉而能行动自如了。他的相状就是：

无得不思议，是出世间智，舍二粗重故，便

证得转依。

出世间智与世间智不同，世间智是有限量的、有一定范围的；出世间智是普遍圆满，不能够用我们现在的思想去议论的。以普遍的思想是彼此相对的，比如讲台不是茶壶，茶壶不是讲台，世间的智慧总不出这些。故证到此种无所得的不思议的出世间的智慧的时候，便能舍去粗重的烦恼、所知二障。所谓粗重者，好比金矿中夹杂了一种粗重的矿垢，有了此种粗重的垢秽夹杂在里头，则金子已经有了杂质而不能称为纯金。我们的心智也是这样，有了烦恼、所知二障的粗重夹在里头，便不能活泼自由。我们要想我们的心智活泼自由，非用智慧之大火锻炼去我们的心垢不可。转依者，是转去向来依住阿赖耶识中的一切杂染不清净的诸法种子，而使他转成无漏的清净的。如矿中已经除了杂质而成纯金，此在论中说得很详细。

五、究竟位："谓住无上正等菩提，出障圆明，能尽未来化有情类"。有了前来四位的进境，则可以登峰造极而达到究竟圆满的地位了，已能安住无上正等菩提，在程度上说名无上，在体相上说名正等。菩提，是觉的意思，就是已经成佛了。又名出障圆明，因为我们向来都是在烦恼、所知障中鬼混，到了此时，已经超出他了。非惟自己超出他就算了，还要以大悲为怀，悲天悯人的去化导一切有情，使一切有情皆能够得到出障圆明的大乐。这个位子的相状就是：

此即无漏界，不思议善常，安乐解脱身，大

牟尼名法。

此，是根据上文便证得转依而来的，表明证得转依之后的清净唯识性相，是圆满无漏，连一点缺陷都没有。界，即是总聚的意思，是一切法的总摄。这一切无漏法的总范围的无漏界，有一、不思议，二、善，三、常，四、安乐，五、解脱的五种胜利。此中所谓安乐，是没奔波劳碌，即一安乐永久安乐。佛虽然常常教化众生，但不见有一众生可度的相，故心里很安乐，盖佛一切大公无己。所谓解脱身者，是指离去一切烦恼生死的功德之总聚，在二乘所得的只名解脱身，但大乘于证了解脱身之时，同时亦圆满了大乘不共的佛果（牟尼）法身，小乘只证消极一面的解脱身，大乘注重之点还是在积极一面的法身。法身者，也就是一切诸法清净圆满无漏功德之身。

以上已说明《三十唯识论》的大要。不但说说而已，意思是要我们依了这种胜果，去发起大乘的菩提心，依教研理，悟理修行，而同得最后的佛果。我们依照这样做去，都名学菩萨行。由此后来各各都可以成佛，这是遍于佛法各种差别义中的总义。（二十年二月在厦门涌莲精舍讲，岫庐记）

（《海潮音》12卷第5—9期）

《八识规矩颂》讲录

  《八识规矩颂》,将八识分成四类说明:第一类是前五识,第二类是第六识,第三类是第七识,第四类是第八识。每一类用三颂说明,共有十二颂。在每类三颂中,又前二颂明有漏杂染识,后一颂明无漏清净。这次不依以上原有的程序讲,另成一种组织来说明。先将十二颂分成两大分:一、顺转杂染分,有八颂;二、逆转清净分,有四颂。先明顺转杂染分中,第一类明第六识,第二类明前五识,第三类明第八识,第四类明第七识。

  为什么要依这种程序讲呢?因为人类平常能觉察得到的识,多半是第六识,如各种思想、感情等心理作用,这都是第六识的功用;这不只是佛法能说明,就是世间学术,也都能说到,但不能完全说明就是了。若单讲第六识,于事实还有讲不通的,因为不是有了意识分别,就有一切所分别的境的。如第六识能分别青、黄、赤、白等,但若盲人,眼根已坏,不发眼识,就不能见青、黄、赤、白,那么意识就不能分别青等色了,所以第二类要明前五识。要前五识与第六意识,俱时生起现行,才能了别五尘境:如眼识与意识同时现行,就能了色尘相;耳识与意识同时现行,就能了声尘相;乃至身识与意识同时现行,才能了触尘相。但这所分别的五尘境，不是可以凭空造出的，要真有所对的境，才有所分别的相的。如我们现在都能见这个蒲团是方的，这是形色，是黄色的，这是显色，要在这个处所，真有这个蒲团，这时眼识和意识生起现行，才能分别；并且这所见的蒲团，是大家都能见到的，所以这不是凭个人识现的。前五识与第六识俱时所了别的六境相，既不是凭空而有的，那么若不许在识外有境，这境又是依何识而有的呢？所以进一层的推论，要说到第八识。前五识所缘的器世间相，既不是前五识单独变起的，也不是心外的法，就是第八识所变的，所谓内变根身，外变器界，都是第八识变缘的相分。若能明白这识变的道理，知道无始时来，依业力引第八识，在业力的轨范中，现成一期的根身器界；那么世间所谓"自然界的一切万有"的论调，就推翻了。（因为万有是业引识变的业果，而不是自然。）从第八识的变现上说，本交互相遍，同类相似的；如现在我们同得人的第八识，于是我们大众能同见一种色，同闻一种声，不过虽同见色，同闻声，但甲所领受的境，未必恰是乙所领受的，只是相似变就是了。第八识既交互相遍，同类相似，所以没有显然自他、物我的隔别。但在有情的心境，却恰成反例，显然有自他、物我的隔别；有了自他，于是就要以自我为中心，要求自我的保存，自我的发展，自我的殊胜，自我要驾乎他人之上，人人都这样，于是斗争不已。若单从第八识上说，既是交互相遍的，为什么又有自他的隔别呢？所以第四类要说到第七识的功能。有情生命的成立，自我的发展，人格的表现，都从第七识中可充分说明。

以上所说识的四种分类，在世间科学、哲学，也有说到的。如哲学的素朴实在论，这是常识的，反对这常识而成自我唯心论。他们这派的立论，说是一切境相都是由我的分别所现。这在佛法上说，也不过只依第六识一部分的功能而立。到科学发达，趋重实验而斥破凭空玄想，要有确实的根据，真切的证明，才能存在，所以自然科学和哲学的新实在论，已是从第六识推到前五识了；自我唯心论，已被打破。但说到不拘前六识起不起现行境相都存在的理，那就不是世间科学、哲学所容易推想到的了，这就要说到第八识所变的本质境，并说这本质境就是识的相分。这种深奥难知的理，正是世人难知的，也正是世人所迷的。因为不明第八识，于是有说客观的宇宙唯心论的，宗教家则说是神。客观唯心论，说宇宙现起，是客观存在的精神所造成；宗教家说宇宙是唯一的神所造。这两种所说，都是不曾将八识完全说明了的迷执。若说只是普遍的精神，唯一的神，但怎样一切有情众生又有各个自我精神的差别？而在这各个自我精神差别中，又有各个不同的宇宙呢？从事实上看起来，他们都说不通，所以非说到第八识，不能说明宇宙。也非说到第七识，不能说明有各个自我和自他隔碍的分别。若说有情的自我，是由神分开而成的；这样，那不是"神"已分成各个"众生"而没有所崇拜的神了吗？其实，这就是佛法中说的第七识的功能。

从现代一般的科学、哲学、宗教上看，第八识、第七识大抵尚迷而不知，只于前六识说到一部分。在前六识中，第六识又比较容易观察；而他们迷而不知的那八、七二识，也正是最重要的。要明宇宙观，非明第八识不可，要明人生观，非明第七识不可。但因这两种微细难知，所以这次所讲的程序，不依原有的次序，只就凡夫杂染心上，顺凡夫的心理，以粗显易知的为出发点，然后一层深进一层，说到深奥微细难知的，所以名顺转杂染分。

一、顺转杂染分

甲、第六识

现在先讲明意识的前两颂。在未讲本颂前，要大概说明意识的内容。意识分两种：一、五俱意识，二、独行意识。五俱意识，就是第六意识与前五识同缘五尘境。独行意识，就是前五虽不起现行（眼不见色，乃至身不领触），但意识仍可自起分别，如意识的缘过去、未来境，是意识自己凭空忆想的。在独行意识中，又分三位：一、散位独行意识，二、梦位独行意识，三、定位独行意识。梦位意识，是在睡眠时，前五识虽不起现行，但意识还能分别，只是昧略就是了。定位意识，不只是人不容易有，就是六欲天也没有；欲界以上的色、无色界，才有生得定，常在定中；在人中要修得，既得定以后，在定中的境界，就与普通的境界大不同了。上面说第六识粗显易知，不过只说的独行意识中的散位意识，至于梦位意识不分明，不须说明，定位意识不是普通人的心境，不容易知道。现在能觉察的，粗显易明的，也就是散位意识。由散位意识，再说到五俱意识。从佛法上说，虽是很浅的，但顺凡夫的心理以说，在凡夫已是不易觉察的了。现在讲颂文。

<blockquote>三性三量通三境，三界轮时易可知。</blockquote>

三境，就是性境，独影境，带质境。性境中分二：一、胜义性境，这在果中才能证得，因中不能证。二、世俗性境，就是在事实上是有的，不单由能缘识分别变起的，例如五识所缘的五尘；定中所缘境，也属世俗性境。就真谛上说，虽五尘也都是幻有的，但就俗谛上说，也是由种子生，有幻相、幻用，不如镜花、

水月完全无用的，所以也名性境。独影境也有两种：一、有质独影，虽在此时、此处、此界，没有此法，但在法界中是有的，不过在此界、此时、此处，只是为意识所分别变缘的，所以仍是独影。二、无质独影，不但此时、此处、此界没有此法，就是他时、他处、他界也没有，只是意识上假立名言的分别，如妄分别龟毛、兔角。带质境也分二：一、真带质，就是以心缘心，如第六识通缘一切心心所，第七缘第八见分为我，也是以心缘心，所缘的相虽与所托的质不符，但确已带有质了。二、似带质，就是以心缘色，这只是独头意识所缘的带质相分，是意识所增益的，如分别桌、椅等名物，其实只见显色、形色，没有见桌、椅。以上几种，若分类说呢，胜义性境不变而缘，其余的五种是变缘的。在这五种中，世俗性境同真带质境是兼因缘变和分别变的，其余的似带质，有质独影，无质独影，只是分别变的。这三境，第六识都有。

三量，就是现量、比量、非量。量，就是正知，因为境有三种，所以了境的智识，也有三种。在这三种智识中，前两种是正确的，后一种是不正确的。现量缘性境，只有事实，不带名类分别。比量缘正确的独影境。非量缘不正确的独影境同带质境，那就与事实完全不符了。只是意识无始以来分别名言习气，颠倒分别性相，如病眼见空中花似的。（在平常不曾学佛的，大多是非量缘境，颠倒错误的。）这三量，第六识也都能通。

三性，就是善、恶、无记三性。第六识作业范围也很广，可通三性。就第六识作用上说，在三界轮转受生死，也容易知道。若造上中下三品恶业，堕三恶趣；若造三品十善，生人、六欲天、阿修罗三善趣；造三品十善，并修四禅、八定，生色、无色界天。

相应心所五十一，善恶临时别配之。

以上所说的八种识，都名心王，各有相应的心所，现在说意识心王与五十一位心所都能相应。这五十一位心所的数目，不过是根据天亲《百法论》，和《瑜伽论》而说的，若广分别，还不止五十一位心所；简略说，也不到五十一心所。心所又名心所有法，就是心王起时，心所有法也随之而起，如主从的关系一样。但心所与心王虽同起，却不是一体，是有两法才能说相应的。相，是互相义，必须两法同时、同处、同缘一境、同作一事，这才名相应。虽与五十一心所相应，却不是一切时都与五十一心所相应，如与善心所相应，就不与烦恼心所相应；与烦恼心所相应，就不与善心所相应；且与此烦恼相应时，就不与彼烦恼相应；不过总说意识相应的心所有五十一。

这五十一心所，可分为五位：

一、遍行有五：遍行，就是无论何时、何地、何境、何识，但有识起，这五种心所都能普遍现行，所以名遍行。这遍行中的五心所，就是作意、触、受、想、思。作意，是能警动其余心心所现起的。触，是根境识三和合，能触境的心的作用。受，就是顺触的领受。想，是于领受境分齐限量，由此有彼此是非可判别，而立种种名，所以想是名字言说的所依。思，是造作的力，能令余心心所去造作。

二、别境有五：别境，是缘特别的境才现起的。别境中有五心所，就是欲、胜解、念、三摩地、慧。欲，是于境起希望，于顺境希望能合，于逆境希望能离，于中容境不生欣求厌离的心，则无欲。胜解，于无疑境上，确定明了，印持不惑。念，即忆念，就是能明记不忘，在过去境上才生现行。三摩地，就是定，于所观事明记不忘，而能念念专注一境。慧，依念、定所观察境，判决简择，成明了决定，而有慧生起。

三、善有十一，就是信、精进、惭、愧、无贪、无瞋、无痴、轻安、不放逸、行舍、不害。信，不是通常所说的信，因为通常的信，通于所谓迷信等，违于实事真理，只是烦恼中的恶见妄执，此不名为信。此中所说的信，是依佛法中因果实事，性相真理，信有三宝、四谛而起的信。要是没有这个信，就成妄想流转，是大随烦恼中的不信，所以这信能对治不信，是万善的本，智慧的源，功德的母。所以在善法中，首先说信心所。精进，不是通常所说的勤，因为于不善事也能生起勤。这个精进，就是四正勤，是依正信而起的，能止恶行善；就是已生恶令断，未生恶令不生，已生善令增长，未生善令生。惭、愧，这两种心所，都是羞耻心，凡能止恶行善，必定要有这羞耻心，虽都是羞耻心，但是有差别。惭，即尊重自己的人格，知自有佛性，与诸佛菩萨相同，既有此人格，怎么于诸佛菩萨所成的功德，还不能成，于恶还不能断呢？所谓善犹未成，恶犹未止，自己生起羞耻。愧，就是对他生愧，一切诸佛菩萨，都具有三明、六通，于我现前所作所为，诸佛菩萨悉知悉见，我现在善犹未成，恶犹未止，怎样对诸佛菩萨，怎样对一切众生呢？无贪、无瞋、无痴，名三善根，能对治贪、瞋、痴三不善根。贪，就是于己分之外，还要将所有的都归自己统领。无贪，就是能将已经有的，施舍他人，未有的也无所取。无瞋，就是慈心，这不是普通的慈心，因为普通在相当的限度有慈心，但出分限以外，还要起瞋的；这由无瞋所发的慈心，是无分限的，普遍的。无痴，是对治痴的，就是于事理能明了觉悟；但与慧不同，无痴只是善，慧可通善、恶、无记三性。轻安，也是定心，在平常散心用事时，身心如负重担，行走不定，但有定现行，如平常将重担放下，只觉身心轻快、安乐，为向所未有的。轻安与三摩地不同，轻安只是善，三摩地通三性。不放逸，是依精进、无贪、无瞋、无痴和合而成的，不但精进修一切善法，并且谨慎能防护有漏法不生。行舍，就是行中之舍，简别不是受中之舍，因为五受中有舍受，恐与舍受相混，所以说行舍。行舍就是依止精进、无贪、无瞋、无痴修一切善法，虽修一切善法，而心平等性，心无所住。不害，是无瞋中的一分，但这是悲心，见有情衰损恼害时，心生悲愍。

四、烦恼二十六，可分四类：

一、根本烦恼六：贪、瞋、痴、慢、疑、恶见。这六种自性就是烦恼法，为一切烦恼的根本，所以名根本烦恼。贪，是于三界有、有具，不了是苦而生贪著。贪与别境中的欲心所不同，欲只是希望，通于三性，但贪欲就成有覆或不善了。瞋，是于有情苦、苦具，正现起时，生违反心，生忿恚心。（欲界众生所作所为，都是从贪、瞋发动的，所以贪、瞋遍于欲界。到色、无色界，就只有贪无瞋了。）痴，又名无明，就是不明因果，不知性相，由痴为依而生贪等烦恼心所。慢，有七种或说九种，总言之，就是自高凌人的意义。一切众生，既有我见，就要将我提高，驾于人之上，而以他人为提高自己的工具。这慢心所是任何人都不能免的，就是极低心下服的人，表面看似乎没有慢，其实他只是没有遇着机会，有相当的机会，他也要起慢的。疑，就是于因果性相犹豫不决，由疑能障生善慧，能断疑的，就是慧心所。恶见，又名不正见，包含有五种：就是身见、边见、邪见、见取见、戒禁取见。身见,就是个体见,执个体是我而成我见,由我见而有我所。边见,是于我见上,执断、执常,我身死后是断灭了呢?还是永久不灭的呢?邪见,除身、边二见外,其余的都是邪见;但最大的邪见,就是拨无一切的虚无见,或名恶取空,或名豁达空。见取见,是于种种见中,随取一种执为最胜、最上。戒禁取见,是执取所持的牛戒、狗戒等,以为能得解脱。(信这种不正戒,以为能得解脱的,这正是迷信,是恶见,与前面善心所中所说的信不同。)

二、小随烦恼十:忿、恨、覆、恼、嫉、悭、诳、谄、憍、害,这十种烦恼,是自类各别起的,范围狭小,如忿起恨不起,所以名小。随根本烦恼而起,所以名随烦恼。忿、恨、恼、害、嫉,都是随根本烦恼中的瞋心所起的。忿,是于现前不饶益境所起的。恨,是于过去忿境上怀怨不舍。恼,是由忿恨以后所起的瞋心所。害,是无悲愍心,常损恼有情。嫉,是耽著名利恭敬,见他人有荣利事,不能忍耐。覆、诳、谄,都是随根本烦恼贪、痴所发动的。覆,就是覆藏己过,不肯发露忏悔。诳,就是耽著名利恭敬,虽无实德,假现不实功德,欺骗他人。谄,就是谄曲,矫饰惑世。憍、悭,都随贪所起的。憍,是于自己的一点有漏荣利事,贪著在心,醉心于中。悭,是悭吝,将自己所有的身命财产保守,不肯施舍。

三、中随烦恼二:就是无惭、无愧。这两种烦恼,遍于不善,范围较宽,所以名中。也是随根本烦恼而起,所以名中随烦恼。无惭,是惭所对治的,不尊重自己的人格,名无惭。无愧,是愧所对治的,不顾他人讥嫌毁谤,名无愧。

四、大随烦恼八:不信、懈怠、放逸、惛沉、掉举、忘念、不正知、散乱。这八种通于一切染心,范围最宽,所以名大。也是随根本烦恼而起的,所以名随烦恼。不信,为信所对治的,就是于实事真理不能把握，令心成流荡无归，一切烦恼心所都从不信生起的。懈怠，是不精进，不策励心。放逸，为不放逸所对治，就是不修善法，不防护恶法。惛沉，是无痴所对治的，就是蒙昧无知，能障观不生。掉举，是轻安所对治的，就是令心不寂静，能障止不生。忘念，是念所对治的，就是忽略心。不正知，与恶见不同，不正知但于事理不能正确明知，恶见是执见确定。散乱，就是不定心，令心流散。

五、不定四：悔、眠、寻、伺。这四种不定是善、是不善、是无记，所以名不定。悔，又名恶作，就是于已作不作的事，心中生起追悔。若于已作的恶，生起追悔，这就是善；但常时恶作，令心不安，这也是不善。睡眠，也通三性，若适当睡眠就是善，若耽著睡眠，就为不善。寻，就是寻求。伺，就是伺察。寻求相粗，伺察相细，言说分别，就是从这两种心所建立的。通常心理学所说的思想，不是佛法中所说的想心所，只可算是寻、伺。

意识心王若与这五十一位中的善心所相应，就成善意识，若与不善心所相应，就成不善意识，没有拘定的，所以说：善恶临时别配之。

性界受三恒转易，根随信等总相连。

性，就是善、恶、无记三性。在第六识作业通三性，或善、或不善、或无记。界，就是三界，由意识作业通三性，所以受报也不定，或欲界、或色界、或无色界。受，就是五受；意识或时苦受，或时乐受，或时忧受，或时喜受，或时舍受。因为意识于性、界、受这三种中都不拘定，所以说：性界受三恒转易。根，是根本烦恼；随，是随烦恼；信，是信等十一；等，等取遍行、别境。第六识起时，或与根本烦恼相应，或与随烦恼相应，或与信等心所相应。这些心所与意识总是相连而起的，所以说：根随信等总相连。

> 动身发语独为最，引满能招业力牵。

凡造成业，要经三种阶段：一、审虑，二、决定，三、发动。前两阶段，都是意识的功能，到了发动，才有身语业的发现。所以，身识虽能动身，舌等语具虽能发语，但动身、发语的主动力，还是在意识。唯意识有这种功能，所以说：独为最。引，是引业，就是由第六识所造的强有力的善恶引业，熏成业种，含藏在阿赖耶识中，成熟时能招当来总报。满，是满业，就是由第六识所造的劣的善恶满业，熏成业种，含藏在阿赖耶识中，成熟时能招填满总报的别报。引业力强，满业力劣；引业如画师画大概的模形，满业如弟子加功填彩，圆满所作。所以，虽由第八识受报，但都由第六识的造业所牵引的。

乙、前五识

> 性境现量通三性。

前五识所缘的只是性境，如现前有实有色，眼识才能缘；但这所缘的是世俗性境，因为不能随心改变其性，所以名性境。现量，是说前五识只有现量，无比量、非量，因为要五根对五尘才能发识，比量、非量都是由识自起分别的；又前五识对现前性境，直接了知，无错乱，不带名言，所以无比量、非量。三性，就是明前五作业通三性，但前五不能自动造善恶业，只能帮助第六意识作善恶业，随第六意识而有善、恶、无记三性。

> 眼耳身三二地居。

前五识中的鼻、舌二识，只有欲界有，因为欲界受段食；到色、无色界都是禅悦为食，所以用不着了知香、味的鼻、舌二识了。眼、耳、身三识，则二地有。二地，是指三界、九地中的欲界五趣杂居地同色界初禅离生喜乐地。这离生喜乐地，虽已在定中，但有时出定可见色，并且互相谈话可闻声，身也领触，所以有眼、耳、身三识。过此地以上，就常在定中，前五识都不起现行了，只有定中意识。因为这眼、耳、身三识，只止于五趣杂居地，同离生喜乐地，所以说二地居。虽说第二地以上，前五识不起现行，却不是指的出世圣人，只是说的异生，因为出世圣人，不受三界分限拘定了。

　　遍行别境善十一，中二大八贪瞋痴。

前五识心王，与三十四心所相应。就是遍行五，别境五，善十一，中随烦恼二，大随烦恼八，根本烦恼中的贪、瞋、痴三种心所。

　　五识同依净色根，九缘七八好相邻。

根有两种：一、浮尘根，又名扶尘根，或根依处，就是平常肉眼能见的眼根乃至身根。二、胜义根，又名净色根，是潜在浮尘根的根依处中的，虽是色法，但肉眼不能见，依佛法说，天眼才能见到。现代科学中所说的视神经、听神经等，似乎是说的这五种净色根，但也不是平常眼所见的，要用显微镜，并加以一种推测，才能见到。依这五种净色根，才能发五种识，所以这五种根，就名发识的增上缘依，也名同境依。不过，眼识生起时要九种缘，以上所说的增上缘依只是一种，还有其余的八种，就是空缘、明缘、作意缘、分别依缘、染净依缘、根本依缘、种子依缘。颂中说的九缘，就是指眼识现行必须的缘。耳识生起现行，只要八缘；除明缘一种，因为黑暗中也能闻声。颂中的八，就是指耳识必须的缘。鼻、舌、身三识，生起现行，就只要七缘，除明缘、空缘两种，因为这三识要逼近才了知香、味、触。颂中的七，就是指这三种识现行必须的缘。

  合三离二观尘世，愚者难分识与根。

  鼻、舌、身三种识，要与境相接触，才能取境。眼、耳二种识，要与境相离，才能取境。小乘、外道、凡夫这三种人，无真智慧，对五根与五识不能分别辨明，所以说：愚者难分识与根。

  丙、第八识

  性唯无覆五遍行，界地随他业力生，二乘不了因迷执，由此能兴论主诤。

  三性中的无记性有两种：一、有覆无记性，就是在他的业性虽没有明确界限，可以说是善、是恶，但有覆蔽的。二、无覆无记性，就是在他的业性既是非善非恶，而又没有覆蔽的。从第八识作业上说，是属于无覆无记性，所以说：性唯无覆。从第八识的现行上说，只与五遍行相应，不通其他的烦恼心所，善心所；不但不与其他的烦恼相应，连无明也都不相应。或有说也同无明相应的，这不是就现行说的，只是就含藏有前七识的种子而言，因为前七识的无明种子，也含藏在阿赖耶识中。界，指三界；地，是九地。他，指第六识。生，是从无而有，假名为生。在第八识随引业现起一期命根就名生，这一期命根终了，就名死。第八识随第六识所作引业力的支配，在三界九地中生死死生，相续不断，所以成有情的生死流转。因为第八识的行相，是相似相续的，很微细难知，就是声闻、独觉圣者都不能明了，而生起迷执。迷执有两种：一、增益执，就是执无为有，如本无人、法，而众生二乘执为是有。二、损减执，就是执有为无，如八识心心所法，虽如幻化，而是幻有非无。在二乘人不明了，就生起迷执，拨无第八识。由此，无著、天亲、护法这些大乘论主，引经据典的与二乘诤论，来证明唯识的正理，以破他们的迷执。

> 浩浩三藏不可穷，渊深七浪境为风，受熏持
> 种根身器，去后来先作主公。

阿赖耶是梵语，译为藏，阿赖耶识，就是藏识。此有三义：一、能藏，二、所藏，三、我爱执藏；这都是就阿赖耶识而言的，只是对向不同就是了。对一切种子名能藏，因为一切种子，都含藏在阿赖耶识中，种子是所藏的，阿赖耶识是能藏的处所，所以名能藏。对一切现行杂染法名所藏，因为根身、器界这一切杂染现起以后，阿赖耶识反为一切杂染法覆藏，为一切杂染法所藏了，所以名所藏。对第七识名我爱执藏，因为第七识恒时有我爱执，这被执为我的，就是阿赖耶识现行的见分，所以就成了第七识所爱执的处所，所以名我爱执藏。颂中的三藏，就是指这三种。

浩浩不可穷，是说这三藏义，都甚深难知，无有边际。因为阿赖耶识所藏的一切种，不可穷尽，所以能藏一方面也不可穷；因为藏阿赖耶识的杂染法不可穷，所以所藏一方面也不可穷；因为第七识的我爱执，很不容易觉察，就是睡眠时都相续不断的执我，这不但普通人不易觉察，就是稍用点功的，也不容易觉察。在禅宗下曾有一段公案，就是有一个参禅的人，用了很久的工夫，他自己说他的心能自作主，但有人问他说："当你睡眠到无梦时，你

也能作主吗？"他就默然了。这就是不觉第七识执第八识的缘故。但此不但稍用点功的不易觉察，就是二乘也不承认，所以无著菩萨造的《摄大乘论》中，用六种理由来成立第七。最显明的，如无想定，因为有第七染污意，所以与灭尽定不同，所以圣者不修此定；若无第七，那么无想、灭尽就没有分别了。又有五同法可比知有第七，因为前五识都有所依根，所以可比知第六意识也有第七为所依根，如果没有第七，那么第六就没有所依根了；第六既没有所依根，前五也不当有所依根，五同法就不能成立了。由以上所说的，可见第七最不容易觉知，但又不能拨无第七，所以从我爱执藏上说，也是甚深难知不可穷。渊深七浪境为风，这是譬喻：第八名本识，如渊深的海；前七名转识，如波浪，依海而得起。但这七种转识，都有境为增上缘，才得生起，如海上有风，才能起波浪似的。虽前七都以境为增上缘，不过在前五识最重要，是必不可少的，因为前五识离境就不能发识；在第六识还可由识分别妄现的境也可发识；第七缘第八见分为境，境也常有，而不须别藉他境才生；所以最不可离的就是前五识。

受熏持种根身器，此明阿赖耶识受熏持种的功能。因为阿赖耶识是无记性，所以受前七转识染净熏习，既被熏以后，就将染净种子执持不舍。如室中燃香，香的自体虽尽，而香气还留在室中，所以阿赖耶识受前七转识熏后，所成的习气种子，也含藏在阿赖耶识中，执持不舍。内根身、外器界，也是阿赖耶识所变所缘的。所以这识的相分有三种：一、一切种，就是受前七熏习所成的种子。二、器界，就是所变的相分。三、根身，就是五根的身体，身是总，眼等四根是别。这根身是阿赖耶识的执受，因为根身就是五根诸法和合的总聚，这总聚为阿赖耶摄持依止为自体，能生觉受，触受境界，于是根身与阿赖耶识就成了同安乐共患难了。如人穿一件极难脱下的衣服，同身体都和成一体了，于是被人损害这件衣服时，自体也同感觉痛苦，抚摩衣服时，自体也觉到快乐。又阿赖耶受熏持种的理，也可以比知，如我们在前几十年的事，到现在一想，还历历在目，这虽由第六意识记忆的功能，但还是因为第八能持种不失的关系。这还不明显，再明显的，就是有时虽未经明了的意识记忆，只要前五识与五俱意识现行，阿赖耶识就受了熏而持为种；所以有时梦中境，是平常未曾经过的，第六识也不曾记忆的，这就是由阿赖耶识持种不失的功能所现。

若这一期业报已尽，阿赖耶识对根身不持为自体时，这就名死；若最初受胎的一刹那，就名生。在人死时，全体都冷尽，但有一处暖气最后舍，在那时，前六识都没有功能了，只有阿赖耶识还没有离去，要这暖气完全没有了，这才名死人。受生时最先成胎的，成立第一刹那生命的，也是阿赖耶识，然后前六的功能才随之生起。所以阿赖耶识是一切有情一期生死的主人翁，所以说：去后来先作主公。虽是主人翁，却不能执以为我，因为他虽是相续不断的，而实是刹那生灭而无常的，而且是随业流转而无力的。

丁、第七识

带质有覆通情本，随缘执我量为非，八大遍行别境慧，贪痴我见慢相随。

带质，就是带质境，第七缘第八见分为我，是真带质境。因为所缘所执的我，虽不是第八见分的真相，却是自识托第八见分为本质而变起的妄相，所以"我相"是由第八见分同自识两方面的关系变起的。现在以譬喻来说明：第七识如病目，第八见分如灯光，由病目对灯光，才见有五色光轮，这光轮喻如我相。但光轮不是灯光的真相，是病目才见的，却又不离灯光而有的，所以五色光轮是病目同灯光两方面的关系幻现的。我相，也是同样的理由。为明了起见再作表如下：

```
          （灯光）    （五色光轮）   （病目）
第八识 ——→  见 ——→  我 ——→  第七识
          本质境      带质境       能变识
```

第六识也有真带质境，但是不明显，只有第七最明显，故在此说明。有覆，就是有覆无记性。第七识只一味的执第八见分为我，不分别六尘境界，亦不对他有情发生交涉，没有显然的善不善，但由他念念执我的关系，可影响前六我不净，所以本性虽是无记，而有我执的覆蔽，就成了有覆无记性了。通情本，是说第七的带质境通于情本。情，就是能变识（第七）；本，就是本质境（第八见分）；由能变的情识，托第八见分的本质，而现有带质的我相。有说：通情本，是说第七执我，通为三界有情生死之本。但是正确的解释，还是前一释。随缘执我，是说第七随所缘的第八识而执为我，第八若生在欲界，就随生在欲界，执第八见分为我；生色、无色界，也是一样。在三量中，第七属于非量。因为第七不了第八真相，所以不是现量；不能推理，所以不是比量；只一味的由自识托第八见分变起的我相而执为我，所以说：量为非。第七识相应的心所有十八，就是八大随烦恼，遍行五，别境中只与慧心所相应，根本烦恼中与我贪、我痴、我见、我慢相应。颂中的我字，通于贪、痴、慢三种。痴就是恒行不共无明，又名根本无明，由第七与根本无明相应，所以不明第八真相而生我见，就执为我。这我见所由起的不明，就是我痴。由执为我，于是爱著不舍，随着第八生在何界何趣都不舍离，就是自杀者，也是为了爱我，这就是我爱。因为爱我，无形中就要使我居于一切人之上，由尊重我，所以只见我是最胜最上的，这就是我慢。第七执我的功能，最不容易断，只有从第六识用功，使智慧训练至强锐有力，然后才能对治，渐渐断除；从第七本身，在凡夫位，是无法对治的。

恒审思量我相随，有情日夜镇昏迷，四惑八大相应起，六转呼为染净依。

第七识，梵语名末那，译为意，是恒审思量的意义。恒，是恒时不断；审，是决定不惑；思量，是遍行中的思同别境中的慧和合而成的。第八恒而不审，第六审而不恒，前五不恒不审，只有第七末那恒时审决思量于我相，相随不离。虽是很简单的只一味的执我，但影响于有情甚大，令有情日夜永久在昏迷中。日夜，也可说是生死。镇，是永久义。四惑，就是我贪、我痴、我见、我慢。八大，就是惛沉、掉举等八大随烦恼。因为第七与四惑、八大相应而起，所以前六转识虽修善法，但由第七执我的关系，也成了有漏善。第七若转成清净，前六所作善法，也就成无漏了。因为前六转识，依第七而成染净，所以说：六转呼为染净依。

以上将杂染第七识两颂讲完了。到这里才明了社会的不平，人心的不良，根本原因就是由第七作祟。明了这个理，可见思想简单的唯物主义，以为衣食住平均，就能解决人生痛苦，使天下太平，这是不明人生真相的。要知道人的求衣食丰裕，只是我贪的一部分发展，这只是资生之物。第七执我不是这样单纯的，还有人为求精神快乐，舍弃物质享用，并且连肉身也可不要的，如印度的投崖、拔发等外道。还有我慢炽盛的人，由我慢影响前六的作为，处处要光荣体面，在人上而不肯受人压制，所以虽以多少金钱运动他，也不能使他屈服。可见只求衣食住平均，以为就能解决人生痛苦的，依佛法看起来，实在觉得他们无知，同时又感觉到他们可怜。到这里，顺转杂染分八颂都讲完了，宇宙人生的真相也知道了。以后再说到逆转清净分。

二、逆转清净分

此中八识的顺转逆转，都是就凡夫的心理而说。顺转，是顺于凡夫平时转向外境的心而说；逆转，是将凡夫平常的心转向内识而证清净。怎样能转向清净呢？要先从第六识用功，将自识转成无漏智；进一步就转第七识，将第七所有的障隔打通；然后再由第六、第七合力，转第八识；第八既转向清净，前五是最无力的，于是也随转成清净了。所以逆转清净分的次序，第一颂明第六识，第二颂明第七识，第三颂明第八识，第四颂明前五识。

甲、第六识

发起初心欢喜地，俱生犹自现缠眠。

地前有资粮位、加行位，资粮，是对佛果说的，如人行远路，要带着资粮，我们从凡夫位到佛果，也要广集资粮。集资粮就是修福慧，修福慧就是修六度行：布施、持戒、忍辱，三度是集福；般若，是修慧；精进、禅定，通于福慧。在这资粮位，共有三十心，就是十住、十行、十回向。《华严经》中说十住以前，还有十信。在十信位，也修六波罗密行，但这是意识散位行。如在欲界，由第六意识，听闻正法，由闻法而生慧，就是闻所成慧，这就是六度中的文字般若。由闻法以后，能持戒，这就是思慧，包括六度中的布施、持戒、忍辱、精进。（因为戒的广义，不惟是佛制的戒条，才名戒的；就是对于佛说的法，在起心用事时，都要观察合不合佛所说的，观察应作不应作，所以戒法的范围很广，能包括四度。但后因有人不如法行，佛才为这类众生，制定戒律，作他们行为的标准。）由思惟而如法修行，由修行纯熟而得禅定，这与定相应的慧，就名修所成慧。由定力成就，于是出生种种不可思议事，能转现业报，能超欲界境；不过佛法不重在定，重在由定所生慧，由慧才能断惑证真，这就是六度中的禅定、般若两度。

由修六度，而使信心成就，证入初发心住。因为到这位，胜解修行力才现前，才能发深固不退的菩提心，所以名发心住。以后只有进无退，得安住于佛法中了，到这位就名贤位菩萨了，所以这是由凡夫入圣的关键，是最难入的。然后由初住到十住、十行、十回向，都修六度，广集福慧资粮，但有浅深不同就是了。但这三贤位的菩萨，还没有起立证真如法性的决心，到暖、顶、忍、世第一，四加行位，才加功进行，常在定中，一心求证真如法性，不证不起，然后由定力发生证真如的慧。（若没有以前的三十心而求证真如，那就只能证小乘生空果，只能证真如空性，而不成不空妙德。）慧将生起时，名暖位，如日光将出时，先有暖相现。慧已生起，名顶位，如日光已出到山顶，能光明朗照了。第三是忍位，就是由定慧能忍可，这位有上中下三品忍，到上品忍而进入最后一刹那的世第一位，就是在世间是最为第一的。

以上所说的修行的位次，都是有漏第六意识的用功力，但有散位、定位的分别就是了。前五识虽也能帮助用功，但是无甚力量，第八完全不相关，第七不但不帮助，反为第六修行的障碍。经世第一一刹那，入真见道，由真见道入相见道，这才登初地，这时第六、第七就转成无漏了。颂中所说的欢喜地，就是初地。因为在地前，用有漏第六识修行，有漏闻思修慧，渐伏分别所起二障。入初地时，才将无始本有的无漏清净种生起现行，顿断分别所起二障种子，到这时一向求证的真如也证到了，第六识也转成了妙观察智了，得未曾有，生大法喜，所以名欢喜地。在杂染位上，八识各有相应心所的多寡不一，到清净位上，都与二十一心所相应。在染位，识是心王，到了清净位，五别境中的慧心所就转成智了，智就是心王，智相应的识与其余的五遍行，四别境，善十一，都随智转。颂中所说的初心，就是入初地的心，因为十地中，都有入、住、出三心，入心也名初心。在初地，第六识虽转成妙观察智，但俱生所起二障还没断尽，只断了一分异生障，不堕恶趣了，所余的二障，有时现行缠绕意识，有时或眠伏不起现行，但并没断，遇缘还要生起现行的。所以从初地到七地，都不能算纯无漏。

　　　　远行地后纯无漏，观察圆明照大千。

　　远行地，就是第七地。到第七地以后，第六识的俱生现行二障，完全不现行了，因为入二空观，证真如法性的慧，相应不断的现起，没机会使二障现行，所以说：纯无漏。从初地到七地，是下品妙观察智，七地以上，是中品妙观察智，到佛果就成了上品妙观察智。圆满明净，双观真俗二谛，普遍朗照大千世界。

乙、第七识

极喜初心平等性，无功用行我恒摧。

极喜，就是初地。第七识无始妄执我法，直到初地，第六意识转成无漏清净智，此强有力的智，才将第七识转成平等性智了，不但不执第八见分为我，反能遍观一切法平等性。但由俱生二障种子没断，所以有时还执我，直到第八地，证真如智已能不加功用而任运现起，于是第七执我的我执，就恒被第六无功用行将他摧灭了。所以到第八地，第七才没有了我爱执，才舍了第八识。

如来现起他受用，十地菩萨所被机。

如来有法性、受用、变化三身。受用身，又分自受用身、他受用身。自受用身是佛自证境界，第十地菩萨，都不能见的。为要使初地至十地的菩萨，也受用法乐，被十地菩萨的机，所以又现他受用身。为初地菩萨所现的佛，是以百莲花为座的佛，为第二地菩萨所现的佛，是以千莲花为座的佛，乃至为十地菩萨，各现他受用身，这都是平等性智的功用。

丙、第八识

不动地前才舍藏，金刚道后异熟空，大圆无垢同时发，普照十方尘刹中。

第八识也名阿赖耶识，就是藏识，因为这识被第七识执为我，所以名藏。将到不动地前，我执永伏，才舍了这个名字。异熟，就是异熟识，又名业报识，因为这识就是受善不善业所感的报体，凡受业报就有分齐，到金刚道后，就不受业报支配，就无分限、无边际了，所以说：异熟空。无垢，就是无垢识，因为此识不再受熏，一切有漏杂染种子永断，所以名无垢识。大圆，就是大圆镜智，因为只与清净善无漏慧相应，所以名大圆镜智。到佛果位，第八转成大圆镜智，无垢净识同时发，普照尽虚空，遍法界；一切因果，实事真理，无不朗照于大圆镜中，所以说：普照十方尘刹中。

丁、前五识

变相观空惟后得，果中犹自不诠真，圆明初发成无漏，三类分身息苦轮。

前五识转为成所作事智以后，也能观生空、法空所显真如，但不能亲证真如，只能于自识变起真如相分而观生空、法空。因为不能亲证真如，所以没有根本智，只是后得智摄。前五就是到佛果位，也不能证真如，所以说：果中犹自不诠真。圆明下二句，是说大圆镜智无垢净识同时发的时候，那时所持的五根就成无漏五根了，由无漏五根所发的识，也成了无漏，于是前五转为成所作事智，有三类化身，就是：胜应身，劣应身，随类应化身。为初住以上的菩萨所现的身，名胜应身，有大威德，相好庄严。为凡夫、二乘所现的身，名劣应身，如丈六金身的释迦牟尼佛。随种种类所现的身，名随类应化身，如人见佛为人类，鬼见佛为鬼类。由三类化身拔济众生，息众生的生死苦轮。

以上已将《八识规矩颂》大概的讲了，现在还要附带申明几句。在玄奘法师以前的古德，讲唯识都是直从第八讲起的。玄奘法师为要按照八识的次第，定为规矩，所以变更次序，先从前五识讲起。在这次所讲的次序，又稍变更一下，是从顺转和逆转讲的，但并不是无意义的变更，这在前面已略提出理由。现在，再将顺转逆转总起来一说，先就凡夫的心理，为他说明无始以来的杂染弊病，使他知道病源，既找着了病源，在一般有大愿大志的，不满足这有漏杂染的凡夫法，要求解脱安乐，并且不只为自了，还要使一切有情都得到究竟，所以才又说到以后的逆转清净分。我们要是不满足现实的人生，要趣入佛果，现在就可从第六识寻伺心的闻思慧下手用功，修集福慧资粮，行四摄、六度，成就信心，希望入初住。但这在凡夫位，也是很不容易的，因为在这时，俱生的、分别的二障习气很浓厚，单靠自力不容易对治，所以要信三宝力，发弘誓愿，由信愿力修四摄、六度，成就与闻、思、修慧相应的信心，然后得入初发心住。既入初住，就是贤位菩萨了。既入了贤位，那就有进无退，按部就班的可直趣大乘菩提了！（二十年八月在北平华北居士林讲，胡继欧记）

（《海潮音》第13卷第7期）

唯识义绎

《百法明门论》的宇宙观

交芦子曰：《百法明门论》，天亲大士作也。法者，轨范物解，任持自性；故法与物，异名同义，百法犹云百物耳。列举此百法者，则以统摄群有也。统摄群有之论，天竺之胜论师六句，数论师二十五法，近世英吉利人穆勒约翰之意、神、形、法四句胥是也。然胜论、数论，吾教大小乘论师破斥殆尽；而穆勒四句，余亦尝论大略，其抉择当否，可概见已。抑穆勒辩家也，其正鹄在尽列可名可言之物耳，逾此则非所思存。今《百法明门论》则不然，盖详列百法，仅明所由之门耳。门者，由义、通义、入义，今举百法以明能通入之门，而由百法明门所通入者，犹别有宗趣存焉。

宗趣维何？约之不出二义：一、断染成善。案：历来释斯论者，均以百法区为五对：一、无为有为，二、假实，三、心色，四、心王心数，五、善心数染心数。第一对综该百法，第二对则遗无为，第三对则更遗假法，第四对则更遗色法，第五对则更遗心王及遍行、别境、不定心数，但十一善心数、二十六染心数而已。所以如是分别者，欲令修佛法者，知改流转为常寂，净烦恼为菩提，唯在成此十一善心数，断此二十六染心数，得其舍凡成圣之枢要也。二、祛执证理。案：中道大乘，一切唯心，今列陈百法，正以明百法皆不离心识耳。心识之宗，曰如来藏。如来藏无执，末那执之，则曰阿赖耶。执阿赖耶见分为自内我，则曰末那。由之而辨其体相、业用、本末、因果，乃有八识心王。与心王定相应者，则有五十一心数。心王、心数变起见分所了别境，则有十一色法。依心、心所、色分位差别，则有二十四不相应假法。其无为法则心识之实性也。故五位百法，皆唯有识，一切愚夫执有实体执有主宰，若了唯识，则知我法皆横计起，但离横计，实无我法，我法执祛，则契证如来藏性矣。

　　然大乘诸论，陈列法相或有增减详略，五位亦别有开合。如《大宗地玄文本论》则开五位为十种，加色主、非有为非无为、亦有为亦无为、俱俱、俱非五种。言色主者，犹近人所云原质，即四大种（坚湿暖轻）;《楞严》七大《瑜伽》十界，皆详言之，乃随俗假说，非实物有，故兹不列。言非有为非无为者，即法性真如也。言亦有为亦无为者，即心心所之业用也。言俱俱者，即百法之统称也。言俱非者，遣相归性，百法皆不可思不可说也。义有开合，法无多寡，其宗趣亦莫不一致。举一反三，在学者之善悟耳。至小乘诸部，大都依根本一切有宗建立七十五法。虽法相略减，非大小乘殊别之要义也。其要义在小乘法有而我空，色法、不相应法、无为法皆心外实有；大乘法我双空，决定无心外实法，则大小乘所由判也。然不能思择群有，穷尽无遗，又焉知心外无物，决定唯识乎！此观百法所以尚矣。为令学者易明，制一统摄分类表如下：

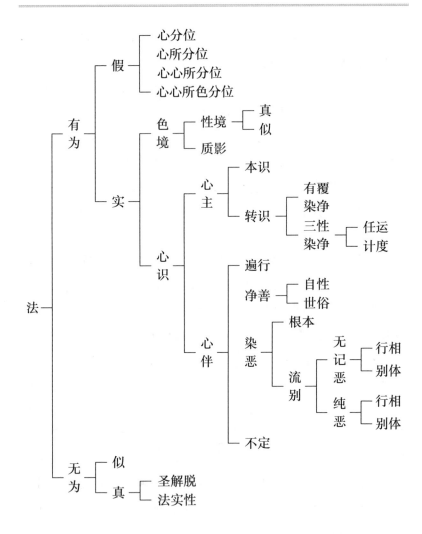

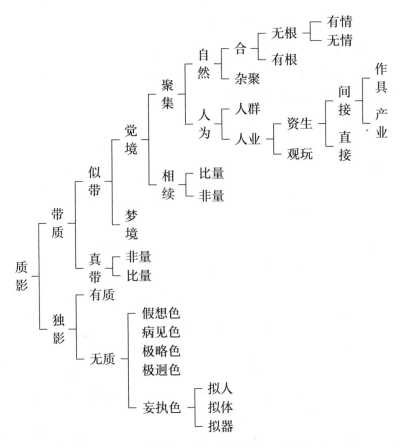

此表所类别者，以法为干，首区为有为、无为。无为区真似
二支。似无为者，即论中虚空、不动灭、想受灭三全分，及非择
灭，缘阙不生一分。以真无为为干，又分二支：一、圣解脱，谓
三乘果人所证无余涅槃，即论中择灭无为也；二、法实性，即论
中真如无为及非择灭本性清净之一分也。然无为法唯一真如，云
何有六？盖随有为所显，假说差别，犹以破人法二执，说人法二
空，依三性说三真如，依十地说十种真如耳。

次依有为区假实二支：实者实物，一一皆实有种相体用。假有三种，曰聚集假，相续假，分位假。此二十四种不相应行，乃分位假，以即是心、心所、色实法上之分位差别故。然是依他所起，非遍计所执。盖心、心所、色上本具之分位差别，与心、心所、色实法同一仗因托缘生起，非若独影无质之境可由遍计妄执而有也。穆勒之相似不相似、并存不并存二法，《摄论》之世识，数识等十一识，康德之十二原型观念，虽或尽理或不尽理，胥此分位假法也。此假区四。一、心分位，即命根是，以唯依异熟识种连持功能假立故。二、心所分位，即异生性是，以唯依烦恼所知二障染种假立故。三、心、心所分位，即无想定、灭尽定、无想报是，以此三位皆依心、心所二法断灭假立故。四、心、心所、色分位，即余十九种不相应行是。以得、流转、势速等，心法、心所法、色法皆有，即依此三法假立故。但色法不能独有，必由心、心所变起，故一切唯识。

次依有为实物，区心识色境二支。心识又区为二：一、心主，二、心伴。心主即眼、耳、鼻、舌、身、意、末那、阿赖耶等八识。又区为二：一、本识，即阿赖耶识。二、转识，谓前七识，依本识转变而起。又区为二：一、有覆染净，即末那识。二、三性染净。又区为二：一、计度，即第六意识；二、任运，即眼、耳等前五识。

次及心伴。心伴者，为心伴侣，定相应心，不能自在，必依心起也。大区为五：一、遍行有五，二、别境有五，三、净善有十一，四、染恶有二十六，五、不定有四，悉如论中自分。而净善又二：一、自性，即善心所中信等前八也。二、世俗，即行舍、不放逸、不害也。染恶亦二：一、根本，即根本烦恼也。二、流别，乃根本之差别分位、等起流类也。又区为二。一、纯恶有二：曰别体，谓别有自体者，即无惭、无愧是；曰行相，谓但是根本之差别行相，即忿、恨、恼、覆、害、嫉、悭是。以此九族，定不与善心所共起，故曰纯恶。二、无记恶亦有二：曰别体，即不信、掉举、懈怠、昏沉、散乱是；曰行相，即谄、诳、憍、放逸、失念、不正知是。以此十一族，亦通无记，可与善心所并作不悖，故曰无记、恶，谓其无记与恶之二性也。

次依色境，又分为二：一、性境，二、质影。性境者：第八识、第六识，及前五识依第八中色种变起自见分所缘亲相分也；如见黑、白，如触冷、暖，得境自性非共差别，不可言寻，故曰性境。此又分二：一、真性境，即前五识及同时意识未起分别所缘色声等六尘亲得其自相者，兼五、八识所缘及定果色等。二、似性境。若五净色根、无表色等，但从发识防过殊胜功能建立，不能亲得其自相，故曰似性境。案：此论百法，六种无为，是圆成实性，余九十四种，皆依他起性，无遍计所执性。而色境中质影之境，则属于世间世俗法，系属遍计执性；亦是我法等分别执见所安足处，故百法论之所不摄。然世间愚夫，颠倒执著，由来久矣。近今浮辩相尚，恶慧弥深，顺时机故，遣迷情故，强为解说，诚不能已。否则昧者且以为百法论摄法不尽；俾知质影，皆唯识心变起，都无本质，故随世分别，表中以质影独建一干，广摄诸无体假法。

质影无自体相，但由周遍计度之妄念，执心心所及所缘性境与原型分位等增益而起。此又分二：一、带质，二、独影。带质虽不得色、声等自相，犹挟带色、声等相质而起，譬如触之得坚，因名曰坚，坚之一名虽遍于一切坚物上转，而今名曰坚，实因触得之坚而起。触得之坚即身识所领触尘自相，亲得自相名曰性境；今坚之意言、实挟带身识所领坚触自相而起，非无因凭空而起，故曰带质。特嘉尔所云意境，义颇符顺。此又分二：一、真带质，以心缘心，中间相分从两头生，两头有质。此有比、非二量，云何非量？谓末那缘阿赖耶见分为自内我，及意识缘诸心所法而比度错谬者。云何比量？谓意识缘诸心所法，比度不错谬者。

二、似带质：以心缘境，中间相分从能缘生，一头有质。此又分二：一、梦境，对觉言梦，觉时梦空，梦时非空，同乎觉境，其相广如觉境中辨。二、觉境，指吾人现前之对境也。又分为二：一、相续相（案：凡相有五，一曰自相，性境是也，二曰共相，三曰差别相，四曰因相，五曰果相），带质境是也。而带质境中因相、果相，曰相续相，在心心所所缘性境上依时、数、名、句、文、命根等原型分位而增益起者也。此亦有比非二量，云何比量？如佛说三世染净因果等，又如生者必灭、人皆有死等。云何非量？如达尔文取证地质中僵石，妄计万物进化等。要之，凡因果例合于正理，不畔现量者，皆曰比量。其乖悖现量，不应道理者，皆曰非量。

二，聚集相。即带质境中之共相、差别相，在心心所所缘性境上依方、数、名、句、文、众同分、命根等原型分位而增益起者也，但指刹那现境。前后三世相续相摄，则非此所摄矣。此又分自然、人伪二种。自然者，犹近人所云自然界之事物也。自然又二：一、杂聚，杂聚者，身非一身，与身俱生，共众多身聚在一处，如曰草丛木林石聚等，凡未经人为设置者皆是也。即小儿初生，虽不自辨为何姓、何族、何国，逮其能自辨时，必为所生之姓、族、国人无疑。夫种族、国、姓，诚由人伪增踊而起，然是前人所为，而彼孩稚兹堕数中，则但是凤业所招无记果，故亦可属之自然杂聚。余动物等，可以类推。然木丛石聚等，一经人类栽砌摄受，则又属于人伪矣。故杂聚通自然、人伪，此所诠者，则自然之杂聚也。二、一合，一合者，色心等多物合成一身者也。积聚曰身，一身犹云一聚耳。此又分二：一、无根，世俗曰五官，圣教曰五根，故无根即世人所云无官品也。根者，增长、滋养、执受、连持之义，凡物无此诸义者，概曰无根。一滴水与一海水无殊也，一微尘与一地球无殊也，一寸石与千仞岗无殊也，一爝火与一日轮无殊也。无官品之别别一体者，及有根无情之枯木等，有根有情之死尸等，皆此所摄。然今所诠者，在自然而合成一聚者，若范金为圜，则曰一圜等，则又人伪所摄矣。二、有根者，又分为二：一、无情族，情者情识，无现行之觉知者则曰无情，草身、树身等植物皆是。二、有情族，有现行之觉知者也，虫身、鱼身、禽身、兽身、人身等动物皆是。自然界物，尽于是矣。

次释人伪：人伪者，由人之作为积习而起者也。然有情之类，皆有作为积习而起者，如蜂窝、如蚁穴、如蛛网、如鹊巢；今对人类说法、重在人事，故单言人伪耳。此又区二：一、人群，若家属、种族、国民、教徒、军队、政府、士、农、工、商团等，皆随习俗而异，定其伦眷，若震旦有君臣、父子、夫妇、兄弟、师友之五伦者。今此但辨人群之相耳，而群伦中之义务、道德等，则又人业所摄矣。二、人业，凡人群所取受作为之事业，皆属之。此又分资生、观玩二种，资生之业又二：一、直接者，衣被、饮食、床座、宫室等。二、间接者，又分为二：一、作具，农器、工器、军器、舟车、书契、法律、礼制、钱币等。二、产业，领土、田宅、仓廪、菽帛，及主所摄受蓄养之臣妾子女牛马禽虫等。而人所造作，人所摄受，非直接间接之资生事物，无关活命因缘者，则皆属之观玩之业。人伪界物，亦尽于是矣。以上皆质影中带质之境也。

次依独影境又分为二：一、有质独影，非无实质，但界代间隔，不亲得质，不托质起，唯从见生，故曰独影；如佛无漏假智能缘有漏界色等。二、无质独影，绝无本质，但由意识强思计度想像刻画而起，或由病狂迷罔而起。此共分为五：一、假想色，如意识所分别之受所引色、观想色，及散心追忆过去、幻想未来之色境等。二、病见色，若病目者，空中见华起灭，及病狂者无中见有、有中见无等。三、极略色，如近人所云无穷小之莫破质等；此在圣教，本属假想观慧境之一，愚夫缚于原型之七识法见我，执著为实，故别出之。四、极迥色，如愚夫所执著之明暗分齐、宇宙边际等；在圣教亦但是假想观慧境之一，盖依名、句、时、方、数量等原型分位析之极微极远之谓。但是自心之碍相，更无他物。五、妄执色，此妄执色，皆由独头乱识托原型之名、句、文及我法见，随顺邪教邪思计度刻想而成，唯是无法，虽龟毛兔角不得喻也。此又分三：一、拟人者，若震旦所计昊天上帝，欧美、大食所计造物主，天竺所计大自在天等；凡拟同人、畜，言有士夫用而生化万物，为万物本原及主宰者，皆是也。二、拟体者，如震旦所计太极、元气，天竺所计实性、大有，欧美所计原神、原形、原质、原力等；凡执心外实有一物或二物为宇宙真体者，皆是也。三、拟器者，除前二计，余一切等。略出三种，概举妄执。要之，凡不亲现量，不合比量，所计非量境界之无法妄执为实者，皆此妄执色所摄。

观此统摄分类表及其说明，可知《百法论》该摄宇宙万有，罄尽无遗矣。持斯论以研核观察乎万物，物将何遁者！

作者初研究唯识学，文虽大致可观，而名相间有错误之处，未及详审，请阅者指教之！

（《海潮音》第1卷第5期）

唯识观大纲

一、引论

若修唯识观，当与唯识各经论之弥勒等菩萨，天亲等论师，所发信愿相同，始能成就。故发心初首，须作方便：一者，归命三宝，以决定信心。二者，普求二利，以发大愿力。如《成唯识论》曰："稽首唯识性，满分证觉者，为自利利他，令法久住故。"

唯识性者，对唯识相言。能变之识，与所变之法，即唯识相；一真法界，平等真如，即唯识性也。于唯识性，唯佛能圆满证觉故，名唯识性满证觉者。诸菩萨亦能分证故，名唯识性分证觉者。所证唯识性是性，能证性智是相；统此无漏真实性相，谓之法及佛僧。佛能于法圆证圆说，僧能弘传佛法，如实修证。故此三者，皆应归依。稽首即倾身命归投之，以决定信心也。谓归命唯识性相之法佛僧，欲实将身心境界镕归于唯识无漏性相之海也。

发大愿力者，誓证一切法唯识究竟真实性，是自利也。观一切众生同依一唯识性为体，普导含灵，胥成正觉，是利他也。证此觉性，解除烦恼，了却生死，成就圆满福德智慧，使佛法普行，佛种不断，此通利自他也。是故乘大信心，发大愿力，修者依此，即为因地法行；发心充实，自可无有塞屯。

以上所言，凭自理观之力。复有事缘，可相辅成：如读诵大乘经论，凝心圣教，持念释迦本师，弥勒菩萨，礼拜诸圣，以祈加持；并忏悔无始来一切业障，使修观不起魔难。譬如筑堤，既固址基，复肃智眚，则可久远。自因助缘，亦复如是。

言观行者，即具二分：一、能观智，二、所观境。复摄此二为能证入门，以证入所证入法。故是一观，具二能所。能观智者，各宗皆同，天台、贤首、禅宗、净土，莫不须依第六识心王相应之慧心，为其主体。余如五遍行，及欲、胜解、念、定，与善法之信、精进等心，亦皆相应，以为助伴。

二、五位百法之唯识观

所观境者，在唯识观乃通观一切法皆唯是识。故法界一切诸法，皆所观境。言一切法者，广大悉备无不穷尽，世界微尘难喻其数，如此纷纶，何堪摄取！是故慈尊造《瑜伽师地论》，约为六百六十五法，无著大士依之作《显扬论》，又约为百有六法，至于天亲大士遂立百法，以此百法摄尽一切。百法者，初地菩萨之所证法。初地所证，皆百法门，如见百世界，供养百佛等等，皆以百数。二地则千，三地乃万，以至大觉，数不可穷。是故修观当明百法，熟悉各法，何者为性，何者为业，了然心中以成观境。今举大要，明其唯识。

百法者，略分有两。一者有为，二者无为。有为者，复别为二：一者实法，二者假法。实法有二，心与色是。假法有一，寄在心色分位假立，心不相应行是。心复有二：一者心王，二心所有。

心王者，正所言识。明了分别，为其体用，故谓之心，或名为识。《二十论》言："心、意、识了，名之差别。"然此心王，唯是眼、耳、鼻、舌、身、意、末那、阿赖耶之八识。

心所有者，不能自有，随心王有，与彼心王相应不离；心王是主，此为仆从。言相应者，非一非异，谓体虽二而事常一，同依一根，同缘一境。八识心王，于五十一心所有法中，各与其相应之心所有法而转；与识相应，随识而有，是故唯识。

次论色法，今言物质，在佛法义说有二性：一者变灭，二者窒碍。宇宙万有，前六心王对境，皆可云色，是故六识名了别境。以言其数，五根、五尘、法所摄色，凡十有一。五根发识为不共增上缘，变现五尘为所缘缘。眼识所缘有见有对，耳等所缘有对无见，意识所缘无见无对。若散位独头，梦定中缘，皆法所摄色。以此诸色皆心所变，何以言之？心自体相为自证分，其作用相则有能所，能者见分，所者相分。相分变现，唯见所取，心自证知，故云唯识。

复次，假法心不相应行。行表行蕴，遮非无为及色、受、想、识蕴；心不相应，遮非心所有法。上言心所有，多是相应行，与此正相违异。心所有中，除却受、想，皆行蕴摄。此中得等，虽在行蕴而与心不相应，故立此名。详此一法，惟是心、色分际位置，对实法言，谓之假法。较其所属，通局有殊，如命根者属心分位，如异生性属心所分位，若无想定等属心心所分位，若时、数、生、灭等通为心、色分位。是故当知此诸假法，唯依心、色分位而立，无独自体，故亦唯识。

无为者，无有生灭，不可变异，亦无作用，不能表示，列为六法。五随相立，其一真如。此中虚空，非方分空，乃是观智空无相境，唯心所变还自缘取，虽湛明照而非真如，乃识所变似真如相。真如性者，其所言法，无可言思，离一切相，不思议故，见无所得，不可立故，诸常如法，各遍显故。此乃唯识之真实性，故是唯识。一切法界无量诸法，皆此百法之所成立；观此百法唯识，即遍观一切法皆唯是识。上能观智与所观境，即为能证入于唯识法之观门。而由此观门所证入之唯识法，初则了然观见法界一切诸法，皆唯识所变之相；次即离一切染唯识相，而证真唯识性；次由证真唯识性，而能如实照了诸行"犹如幻事等，虽有而非实"；由是证得圆满清净转依，性相不二，身土一如，是为究竟唯识。

三、依真有幻、全幻即真之唯识观

包罗万有，唯是一心；即此一心，融贯凡圣，而能任持一切法之种子，及有情、无情之根身、器界，故又名阿陀那识。此识非真非幻，全真全幻，为真幻之所依，通于佛位、众生位者也。遍持诸法，唯一真心，故亦谓之一真法界。一者，绝对待，真者，无变异，为一切法根本依处，至佛果上之离垢清净地，又名庵摩罗识，此识圆满清净离染污法，乃无漏智相应之真净一心也。此真净一心，在众生位名如来藏，至如来地始能究竟证明显现故，在众生位含藏在众生心中故。表此一心非虚妄故曰真，无变异故曰如，真如云者，的指此一心之性体。上言阿陀那识、庵摩罗识、一真法界等，虽同一体，随相异名。惟此一心，通一切位，依真有幻，故曰一心生灭；全幻即真，故曰一心真如。欲观一心真如，生灭之体用，今另列图如下：

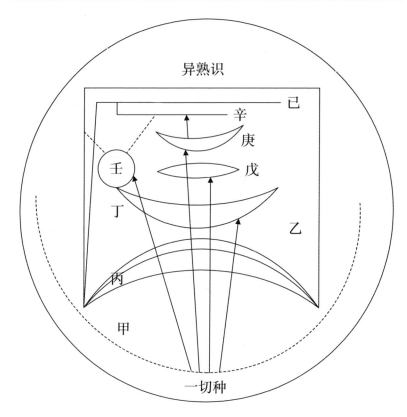

图中大圆圈，即表示一心真如（本无形相限量可言，强作此形量表之耳）。阿陀那识，为世出世间、有漏无漏诸法所依持，有发生一切法之别别功能，指此别别功能名一切种，为圈内所表之长曲线是。而此一切种，亦遍十法界一切位。由此一切种有根本无明发生，所谓"不觉心动，忽然念起"，如乙所表，是谓末那之根本法我痴见。其乙线里面所表丙，即念念执阿赖耶见分为内自我。如甲线内部分即阿赖耶识之范围，完全为末那所执之我爱执藏。此阿、末二识互依为根，末那依阿赖耶而起我见，阿赖耶依末那而成我爱执藏。同时阿赖耶又变起根身、器界，转为异熟识，是为三细，此三细实无先后之别。概括言之，动为末那、阿赖耶，能起为一切种，所起为异熟识。忽然一念乍动，无明相应，末那即执阿赖耶见分为我，念念不息，使阿赖耶识内种子皆成有漏，于是现起一切根身器界，此即依真有幻之义也。从末那背方，依阿赖耶内种子而现起者，如图丁所表，是为意识。意识方向与末那相反，末那向阿赖耶见分，意识向阿赖耶所变根身器界；盖末那执内为自我，意识认外为各个我。且末那为意识不共增上缘之依托根，故意识亦必带有俱生我执；然虽依末那为根，实从阿赖耶内之有漏意识种子所现起，如图有直线由阿赖耶通发于意识是。

如图戊所表为五根身，即正报身。而此根身虽经过意识而成，却仍从阿赖耶色法种子而生，故此根身非浮尘根，乃清净四大所成之五净色根，为藏识安危与共摄为自体者。云何现此根身？因末那执我，欲有所见有所现故，正面由藏识变起根身器界，反面由根身器界发生意识，遂建立有情世间及器世间。末那能执之力，仿佛海中有一种鼓荡之力能起波浪，又如叩钟有撞力而发声，是故情器世间之生起，皆由末那潜动力而出发也。

如图己所表为器世间，虽间接亦由末那之执染，而直接唯阿赖耶种子之所变及见分之所缘；乃为微细流行转化之象，刹那刹那，生灭不停，不易觉察。吾人所见之山河大地，仍属粗相耳。何则？以末那所执之藏识，变动不息，其所现之相亦变动不停故。凡属根身、器界，皆是如此，而无一刹那之暂住者。

如图庚所表为眼、耳、鼻、舌、身五识，从阿赖耶种子经过末那、意识而生。故前五识以阿赖耶为根本依，以末那为染净依，以意识为分别依，五识各以净色根为不共依，而净色根又以浮尘根为寄托。前五识现于五尘时，即意识同现时，故意识遍分别于五识也。

如图辛所表为五尘，五尘性境，即前六识自变之相分，但须依阿赖耶所现器界为本质。此本质即异熟识境，由业所感，前六识依之而变为相分。何谓性境？性者，实在之义。前六识现量所缘之相分，完全与阿赖耶所变之境相同，毫未改异，是谓性境。一刹那间，第六识起随念、计度分别，则非性境矣。

如图壬所表为独头意识所缘法尘境界。分别有三，谓散位、定中、梦中等是也。其率尔心缘现量境，离于随念、计度分别，斯须即入独头意识，非复现量性境，而已为前五尘之落谢影子矣。遂由意识内依末那我执及藏识中名言习气，变造为意识所现之法尘境。凡前尘种种之相，皆为阿赖耶种子所现；独头意识所缘，则为前尘影境。故独头意识所现之境，多为似带质境，即吾人现前之境物是。

又意识能忆过去境界，即前尘影境经意识念度过而藏于阿赖耶识中者，忽然念起，或于梦中现起，皆是独头意识所现。除无想定外，四禅、八定，亦皆独头意识所缘之境。因不由异熟习气所生，故不成业果关系。如梦中所现之境，全是虚妄，则甚易见也。若由异熟习气所发生者，属于先业，故有果报关系。比如放炮，弹乘炮力飞行空中，必至炮力衰竭方始落下，缘为他力之被动，不能自由而止。异熟报亦同此道理，常人不知，误为自然，不知实先业之感招也。又此意识法尘境界，亦可超出异熟范围之外，而达于不可思议之境，以意识功用甚宏故也。

综观上图，可以寻由真起幻、从幻反真之途径。常人不明此理，执此根身、器界为实有，不知皆阿陀那识一心之幻现也。夫一念心起，无不依一真法界而有，无始无明念念不息，即是全法界尽在无明，是故一心之动，即万法所由生。万法之变，悉唯识之所现，故曰万法唯识，而唯识之实性即是真如。能知此义，斯可以观依真有幻、全幻即真之唯识也。

四、悟妄求真、真觉妄空之唯识观

上既说明依真有幻、全幻即真之理，此更进演悟妄求真、真觉妄空之义。所谓妄者何指？指第六意识所起之似带质境，即吾人现前所谓之天地人物是也。原意识依末那为根，二执俱生，恒与前五根识托阿赖耶所现之根身、器界，变缘五尘，随续分别，因综合离开之结果，认为实有种种物体；乃执何者为长、短、方、圆，何者为红、黄、黑、白，何者为我，何者为非我，重重错妄，莫能穷诘！如此妄执，是谓遍计所执自性。此妄执境，在与前五识俱起之意识现量上，本无所有，实为意识重缘五尘之影，而自加以分别所成者也。故修唯识观者，首当悟此现前妄执之境，皆是遍计所执自性，是为悟入之第一步。

今更可以梦喻之：吾人入梦时，或见花鸟人物，或感苦乐悲欢，当其时何尝不声色俱备，情怀真切；却至南柯醒后，都杳无所得。究竟真耶？妄耶？推之现前所见事事物物，非不在在是实，一一逼真；如得无明豁破，慧目开朗，反观现在之境，亦等如梦中所见，毕竟一无所得矣。是故对于现在之境，先应作如梦观，以遣意识上遍计所执之我法，则根身器界，宛然唯识心变现之虚幻相而已。或谓梦境既空，梦心亦空，应云唯空，何谓唯识？不知梦中之心即醒时之心，境异梦醒，心贯醒梦，故醒后心中亦能了然梦中之境物，而欲求梦物于醒境，则必不可得也；是以梦境实空，梦心幻有。境空不离心有，心有元即真觉，境空心有，善成唯识。然则心可通幻，亦可通真，真妄之转，统依一心，是为悟入唯识之第二步。

夫此所谓真觉，指现行意识之证智而言。意识完全不现行时，若所谓五无心位者，岂不心境俱空，如何得成唯识？是故当进观意识所依之意根，及种子心。盖意识依末那为根，从阿陀那种子识生，此之二识，恒时现行，意识等种子亦依存不断。故虽至睡眠闷绝时，意识不起，知觉中断，而醒后仍能继续忆知前经事，不相乖谬。可知末那恒审思量，念念执阿赖耶为内自我，未尝稍息；而阿赖耶受异熟、持种子，无始至今亦未尝稍息。前六根尘识心，依藏识种为因，末那为缘，乃以继续生起而不断也。彼外道不知观此，凭禅定力，强伏意识不使现行，待定力尽时，仍堕生死流转！犹之睡眠闷绝，醒后仍复攀缘意境，不相离舍。此可以悟意识止伏，另有潜势力存乎其根底，曰末那、阿赖耶，无始恒转。此为悟入唯识之第三步。

无始以来，末那执本识见分为内自我体，而有俱生法执，是为根本无明。本识为末那所执故，变为我爱执藏之识，受前六识之熏，而藏守诸杂染法种，固执不失，枉受业系。六识取尘造业，若明中张手现影而捉取其影，藏识受熏持种，若明灭犹固握其拳以为影在。蔽藏识不明者是为根本无明，根本无明一明，则阿赖耶转成离垢清净之庵摩罗识；此识能任持一切法而不为一切法之所蔽，镜智相应，得大自在，是为唯识观之究竟。

五、空云一处梦醒一心之唯识观

合上二观以喻明之：

一、喻依真有幻、全幻即真，谓依空有云，全云即空，云之有非自有，依空有也。无云之空，喻一真心。不起根识身器全如虚空，根识身器起如空中生云，顿呈昏暗之相。然云不从虚空生而从汽生，喻根识身器不从真如生，而从阿陀那识一切种生也。汽由波动而凝聚为云，即本识由末那无明之动而现诸蕴、界焉。夫云之为幻，原无实体，以比依他起性，幻不离真，如云浮空，而无自体之可言也。然而云起于空实不碍于空，以云之在处，空未尝不在故。且空大无边，片云何足为蔽，不过常人眼识低隘，一为云所笼罩，即不能遍见澄空之相。假使有人立于云表，则云自浮暗，空自湛明，了无相涉矣。此喻识生诸法，不变真如，若妄执我法，随业流转，则不显真如之性。设一旦觉悟，则幻自虚疏，真自常寂，亦了无相涉矣。就上义，可以广大虚空喻如来之法性身，以虚空明相喻如来自受用身，以腾起霞云喻如来之他受用身及应化身。但云有光彩，耀人心目，是为卿云瑞云，非乌云浓云耳。且佛应化之云，若身若土，皆同幻现，诸佛证真，真可容幻，众生在幻，幻亦含真。真幻不二，则真性即是幻性，空云不二，则空处即是云处；幻即同真，真即同幻，真幻相含，幻幻相含，所谓真俗不二之理事无碍、事事无碍观是也。

二、喻悟妄求真、真觉妄空，谓悟梦求醒，醒觉梦空。如观现醒之物，皆同梦境，则梦中之物，亦同醒境。梦不知梦，是为妄中执妄，醒定执醒，亦复未出妄中。醒境梦境，不离一心，是一心直贯世出世间，总持十法界而不可以区别者也。试以梦为喻：初地菩萨，知梦未离梦相，七地以上菩萨，梦醒未离醒相，从金刚后心至佛地，方能大觉，梦醒无碍。众生在迷妄颠倒中，梦醒俱梦，诸佛随缘而度众生，醒梦俱醒。是同一心境，而凡圣互见，各不相侔也。

复次，以心为喻：梦中之心，凡夫心也；梦中知梦之心，菩萨心也；梦觉之心，佛心也；虽然三种心境，仍是一心所现。盖梦中之境唯心所现，觉中之境亦唯心所现，是以梦中之心即觉时之心，众生之心即佛之心，"心佛众生，三无差别"。一心现起，即是心之全体，并非少分，所以佛能遍法界而度众生，众生亦以此心具造十法界，而终能悟入佛之知见也。

综上二义，换言之，亦可云空云一空，梦觉一觉，成为一真无障碍法界之唯识观。又上节所讲犹为渐次，此中所说方为圆融。何则？生佛不二，空云一空，真妄俱泯，梦觉一觉，是为圆满一心之唯识观。

六、五重层次之唯识观

上来反复推阐唯识观之理，不外于从妄而显真，即真而空幻，以归到真幻一心、一心真幻之实相。是实相虽一，而观非无渐次。兹更依古德所拟之五重唯识观，提出重宣此义。

一、遣虚存实唯识观。云何遣虚存实？即遣遍计所执之虚妄，而存依他、圆成之实有也。前已云遍计所执，如认梦为实境，如执云为固体，唯是虚妄；依他起性，如心现梦，如云浮空，幻不离真而无自体。此云遣遍计执之虚，而存依他、圆成之实者，以双观真俗二谛,而专遣虚妄执耳。就俗谛说,依他起亦为实,就胜义说,圆成实方为实,对虚说实,是为空有相对之唯识观。复次,二谛又为性相二门,相依性而常显,性离相而常住。《起信论》云"一心生灭门"即是依他起性,"一心真如门"即是圆成实性;二者皆不离乎一心,此唯识所以成立也。

二、舍滥留纯唯识观。一切诸法皆不离识,识分心、境,境别内、外。上云遣虚,仅遣去心外之虚妄执境,此云舍滥,乃将心内之相分境一并舍去,较为更进一层。然心外本无境,凡所缘皆心内相分,能缘皆是见分,悉统于百法之中。今就百法舍去十一色法,二十四不相应法,六变相所缘之无为法;所留者,为八识心王及五十一心所。留能缘心,舍所缘境,是为能所相对之唯识观。

三、摄末归本唯识。观心心所法各分本末,本者,心之自体;末者,自体上所现之相分、见分。上虽已舍相分,犹存见分之用,此则摄彼相见二分归就识心之体。心体云何?即自证分也。谓摄取识心上之相分、见分,而归于自证分。以鞭辟入里,较上二重更进一层也。是为体用相对之唯识观。

四、隐劣显胜唯识观。心王心所胜劣悬殊,心王为胜,心所为劣,以心所原为心王之所管领也。就胜义说,显主体之心王而隐属性之心所,亦由博而约、从粗而精之理,以便作观耳。至此又去五十一心所,仅存八识心王,是为王所相对之唯识观。

五、遣相证性唯识观。心王虽尊,有事有理,事者,差别之相用,必须遣之;理者,无差别之法性,必须证之。是为事理相对,事尽理显,智无所得,入真唯识之唯识观。

上五重唯识观,总核其理性可约为三义:一、周遍计度为唯识之虚妄法，属妄执性，是应遣离者。二、依托他缘为唯识之世俗法，属缘起性，是应转净者。三、圆满真实为唯识之胜义法，属真胜性，是应开显者。就此三义，更可约留二法：一、世俗，二、胜义。而二法又各有四义，谓虚妄、道理、证得、真实是也。以此二法互融四义，第一重为虚妄世俗，第二重为道理世俗兼摄虚妄胜义，第三重为证得世俗兼摄道理胜义，第四重为真实世俗兼摄证得胜义，第五重为真实胜义。所云虚妄，是应离舍。道理，是当了悟通达。证得，是有修行、有成功者。真实，是无对待、无变易者。随何一法，无不如是，诸法本性，是唯识性。循此观想，夫亦可以悟唯识而证真如矣。（十一年三月在汉阳归元寺说，孙绍基、赵曾俦合记）

（佛学院印单行本）

阿陀那识论

一、出名

《解深密经》云："阿陀那识甚深细，习气种子如瀑流；我于凡愚不开演，恐彼分别执为我。"《大佛顶首楞严经》云："陀那微细识，习气成瀑流；真非真恐迷，我常不开演。"

此识为圣凡总依，真妄根本，唯识宗义，恃此以明。今就二颂以觉察其句义。凡指异生，愚包二乘，意谓阿陀那识甚深甚细，摄藏无始劫来习气种子，为执持有情一期总报之主体，如瀑流水，望似恬静，不唯异生不知，即愚法声闻亦莫能了；故我于彼不为开演，恐彼分别执为我也。凡夫分别执我，益增生死之苦；二乘种姓，可离生死，分别执我，迟其趣证，是不若不闻为得也。《楞严》初二句同，习气即种子故，三句别开两面：谓此识甚深甚细，生灭相续，相续故似真，生灭故非真。若迷为真，堕增益执，永在生死；若迷为非真，离此别求真不可得，堕损减执，亦永在生死。对《深密》第四句分别执为我，即迷之为真。然迷为非真，亦是分别执以为我，恐彼迷真非真之故，故我常不开演也。执为我，即固执为实我实法义；谓彼凡愚于此识上可起真非真之分别执也。二颂对观，意义斯足，而《深密》唯明一义者，乃举其最为易起之偏胜义明也。

《瑜伽师地论》，全据《深密》中文以明；他若《摄大乘》《显扬》《成唯识》等论，处处引用此名，兹不枚举。是经论中已有之阿陀那识名，为本论之根据。

二、界义

界义即定义，阿陀那识以何为定义？梵语阿陀那，译云持。经中无分析解释，《摄大乘论》解二义，不若《成唯识论》之完备，论卷三曰："以能执持诸法种子，及能执受色根依处，亦能执取结生相续，故说此识名阿陀那。"此中三义，今欲从粗至细，从浅及深，故逆次明之：

甲、能执取结生相续义：结生相续者，烦恼、业、生三法，即通常所谓惑、业、苦，由烦恼造业，由业结生。结生者，谓初受生时结胎以生身也。又从此一生至彼一生，由本有至死有，由死有至中有，由中有至后有，应有一恒行无间之识于中执取，使之相续不断；若无此识，则一死即断灭，是成大过。《首楞严经》第二卷初，波斯匿王曾依外道起断灭见，常怀悲忧，闻佛说法，悟明死生相续道理，了知从生趣生，舍身受身，变者受灭，彼不变者原无生灭，得大欢喜。盖断灭见者，一死永灭，即觉人生毫无价值，故须了解有此恒行无间，而执取结生相续之阿陀那识。进一步言：明此执取结生相续之识，能对治凡夫外道之断灭见也。

乙、能执受色根依处义：眼、耳、鼻、舌、身五根，谓之色根，即指净色根以言，粗色根为根所依处，总此名为色根依处，即有情一期之报身。此一期报身所摄有为诸法刹那无常之众法聚中,而能使之一期相续存在,不散不坏,即由有此阿陀那识执受之故。执受之言,谓执为自体,令生觉受故。又色根依,指有情身,依处亦通器界,外器世界,此一物与彼一一物相碍,此一微尘与彼一一微尘相碍,亦由有此识执持不失故,但不生觉受为异耳。章太炎尝论矿物、植物有身识(见《齐物论释》),究其论证,非关身识,实由阿陀那识执持之故。而章君不明此,误为身识,身识但关于觉受痛痒等触尘而已。执持一一物之自体以相碍者,固在此也。

丙、能执持诸法种子义:诸法统括一切有为法,然大类可分二:一、有漏有为,即杂染法(异生法);二、无漏有为,即清净法(圣者法)。种子可分业种(异熟习气)、法种(等流习气)之二。各各现行诸法,皆由自类种子而起,均等流类,名等流种;业种即思心所种子,乃思心所心王及善染等心所之活动作用,以自现对自种,亦等流种,但同时有特别功用,能为增上统摄他法。如国之统领然,就自体言,亦国中之一人,而同时有统摄全国作用,业种亦复如是,其所以异他者此耳。业种亦通有漏、无漏。然种子为潜在功能,无有现行法体可得,若无一现行法为之摄藏,即散失而不能存在,不存在故不能起现行,不起现行故便失坏一切世出世间法。然能摄藏此潜在功能者,即阿陀那识也。有执色法能持种子,不应道理,性变碍故。又生无色界者,无色法故,更何能持种子?复次,心所法亦不能持种,不自在故。前六识亦不能持种,无想、灭定等位无此前六识故;第七识虽恒行不断,亦不能持种,是有覆无记性故。经菩萨之转成清净智位,后复起诸染法,不应道理。由此以论,唯此阿陀那识,无覆无记,一类相续能持诸法种子。此义菩萨亦但知少分，唯佛智乃能究竟穷尽。

三、释名

《成唯识论》第三卷云："然第八识，虽诸有情皆悉成就，而随义别立种种名：谓或名心，由种种法熏习种子所积集故；或名阿陀那，执持种子及诸色根令不坏故；或名所知依，能与染净所知诸法为依止故；或名种子识，能遍任持世出世间诸种子故；此等诸名，通一切位。或名阿赖耶，摄藏一切杂染品法令不失故，我见爱等执藏以为自内我故，此名唯在异生、有学，非无学位不退菩萨有杂染法执藏义故。或名异熟识，能引生死善不善业异熟果故，此名唯在异生、二乘、诸菩萨位，非如来地犹有异熟无记法故。或名无垢识，最极清净诸无漏法所依止故，此名唯在如来地有，菩萨大乘及异生位，持有漏种可受熏习，未得善净第八识故。"

此外更加初能变、根本、如来藏种种异名，今次第略出以抉择其义。

一、阿赖耶，译云藏，诸论解藏，通以能藏、所藏、执藏三义释之，此藏义纯在异生有学位立名，二乘无学及念不退菩萨，无杂染法执藏义故，即不名阿赖耶；其名既狭，故不取之。

二、初能变，此识含藏诸法种子，变现根身器界相分，凡愚不了，执为我法，破其执故，说诸我法皆为识变。能变有三，此当其初，是对所执我法及假施设我法，说此名为初能变也。既对所执我法及所施设之我法得名，即不能尽此识之量，摄义不周，故亦不取。

三、异熟，有异时而熟、异类而熟、变异而熟之三义，较阿赖耶名虽稍宽，将成佛时即舍此名，故佛位无异熟，二乘灰身泯智亦无此之异熟；义不普遍，亦不取也。

四、庵摩罗，译云无垢，即清净识，此识唯在佛位，非异生、二乘、菩萨所得名，菩萨尚有现行无明及杂染种不清净故。此名既唯限于佛果，即不能摄尽此通凡圣染净之识体，故不取也。

五、心，心之一言，通凡夫、二乘、菩萨、佛一切位。诸经论中，有以心、意、识三通名八识者，有唯就第八名心、七与六名意及识者，而有时心心所法都统名为心，或兼色法亦名为心，如心脏之肉团心等；其名太宽滥，亦不取也。

六、根本，前七转识及一切染净法，以此为依止故，称此为根本识，亦通一切位。但根本言，不唯此第八识，如证真如智亦名根本智，是称真如为一切法之根本也；此既有滥，亦不取用。

七、第八，此依数目得名，从前五、六、七数至此，目此为第八识，乃从粗至细、从浅至深，以数之数目虽可通圣凡位，亦无滥同他失，但不能显此识相用，不过一带数名词为符号而已。

八、所知依，名出《摄大乘论》，取义宽广，通一切位；所知即指一切染净诸法，一切法以此识为依，故名为所知依；依此立名，备显此识相用。然不取者，在论所知正指三性，而遍计等诸所知法，其实亦依真如或意识等，是依义亦可通他法，不若阿陀那义尤精确也。

九、一切种，在《成唯识》论名为此识因相，亦通一切位，在佛位可名一切无漏法种子识，宽狭相对，与阿陀那略同；但一切种，乃此识所摄持及所缘之相分，不是现行识体，持此种子之识，即阿陀那，且就能持种子识言，仅阿陀那三义中之一义，故亦不取。

十、如来藏，在经论中与第八识相关，其义甚广，今略出其意。藏即覆藏，杂染无明能覆藏一切有情本具之如来智慧德相清净法身，如来清净法身为所覆藏，杂染无明为能覆藏，能所合名，称如来藏。虽可通一切位，但此名之立意，在专指杂染覆藏中之清净法身功德名如来藏，不通杂染法，恰与阿赖耶相对，阿赖耶偏目杂染法，如来藏偏目清净法，故义太狭；然此名又失之太宽，以亦摄无为真如，并前七识一切清净法，总名为如来藏故。

以此简别，唯以阿陀那名此第八识，最为允当。

四、出体

此段文在本论最为扼要，可先知其大概。依上严格思择，唯是此阿陀那名义，名义所依之法体究何在？不可于一切法外别求阿陀那识，须知天地人物，全是阿陀那识，其所以不见为阿陀那识而见为天地人物者，以我法二执恒行故；如病眼见空花，以眼病故，唯见其花，不见是空；众生有二执、二障故，不见其为阿陀那体，唯见为种种杂染诸物。古人云"若人识得心，大地无寸土"，意即此也。

甲、大圣自住后得智境——阿陀那识：耳所闻者为声，眼所见者为色，由声色之名义，可指与声色之法体；今阿陀那名义既了，故须出体。阿陀那识，见不到，闻不到，云何而得出其体耶？虽依圣教及由理论，如依持取结生相续，推知有此阿陀那识；或由能执受色根依处，比知有此阿陀那识；或从能执持诸法种子，考知有此阿陀那识；此皆比量推论而知，还同哲学家之悬拟默揣，不足显此识体。如有人于此，未尝到庐山，但闻人言庐山风景，或见摄影镜所摄诸山水，知其某为大林峰，某为五老峰，某为牯岭，然皆比量推想而知，终未曾亲见庐山也。阿陀那识亦复如是，教理不过比知，须得能证之智，乃能亲证知也。然则要何种智，方能证见此阿陀那识体也？曰大圣自住后得智。大简小乘，圣简异生，正指初地以上菩萨而言，其智有二：所谓根本（如理智）、后得（如量智）。然能以此阿陀那识为所知境者，唯后得智。后得又二，此为自心安住与他无涉之后得智，诸佛果位即为自受用身，故名曰自住后得智。四智前三皆具根本、后得之二，唯第四成所作事智但名后得，以不能亲证真如故。菩萨唯以平等性智、妙观察智之自住后得智证知此阿陀那识，第七未转时，虽唯缘第八，然转智时亦能了知一切诸法，然了知诸法皆阿陀那识耳。《瑜伽·真实品》云："菩萨于自性假立，寻思唯有自性假立已，如实通达了知色等想事中唯自性假立，非彼事自性，而似彼事自性显现。"离于自性假立之事自性，即菩萨安住如幻三摩地所缘诸法唯识之如幻境，所谓藏识海常住也。佛果圆成四智，究竟穷尽此识底蕴，安住海印三昧，遍能了知如幻不空之法。此略明菩萨自住后得智所缘为此识义，详为料简抉择，俟诸他处。

乙、根本智境——即真如：上出阿陀那之识体，是出事之当体，犹非体性之体，故云"相似显现，而非彼体"。若了知此真如体性，则唯是根本智，在根本智所证知，则唯是无相真如。如质学家，明全宇宙唯是若干原质，生物学家则知其唯是生机力；所谓仁者见之为仁，智者见之为智。自住后得智了知阿陀那识，则一切法皆阿陀那识，根本智了知真如，则一切法皆真如也。

丙、涉他后得境——即染净诸法；佛及菩萨与佛菩萨及诸众生相交涉故，四摄、六度种种善巧，种种施设，皆依此涉他后得智安立。此智了知圣凡诸法，若自若他，若染若净，众生各各性欲不同，随机化导，与之起种种交涉，而有菩萨之上求下化及如来之现身说法。但此时虽分别自他、染净诸法，而同时悉了知如幻如化，皆唯识之所现。

丁、小乘智境——即四谛染净诸法：声闻、缘觉修四谛、十二因缘观，证生空真如，虽了知诸法无我，而计执有染净诸法可得，不如菩萨能了知皆唯心所现，智证人我是空，唯有四谛染净诸法，是二乘之智境，亦佛菩萨智之一少分也。

戊、异生智境——即随类之宇宙物我：五趣、三有异生之智，即二执、二障相应之有漏虚妄分别，随业报为何趣何类，随其趣类各各现其所了知之宇宙物我，此唯是此而不是彼，彼唯是彼而不是此。如人见之恒河，鬼见猛火，天见琉璃，所谓"随异生心，应所知量，循业发现"也。不了世间唯心所现，随类不同，取相安名，起遍计执，计我计法，所以随类各有其一一之物我，皆异生之虚妄分别智境也。就能了之智，有此五重分别，离智则无名可名，不可施设，不可安立，强谓之一真法界，言语道断，心思路绝也。

五、会释

阿陀那识，其体是自住后得智之所缘境，随义施设，有种种名，此诸名义，今会释之。此识有摄藏诸法杂染种子等义，名为阿赖耶；由或善不善先业而引招为现生无记之异熟报体，复名异熟识；又因缘所生如幻有法，及异生遍计所执之若我若法，皆以此识为能变，故名为初能变；如来证得二转依时，舍此识杂染转成清净无垢，是名庵摩罗识；又或是能缘虑法，及能积集诸法种子，名之为心；又或是一切染净法根本，称为根本识；又此识为识类中之第八数，故名第八识；又指所含藏之一切种子，名一切种；又未离杂染时，如来无垢识为无明染法所覆藏，乃名如来藏。以种种不同，故有种种异名也。

六、破谬

一切谬执，皆由迷此阿陀那识而起，《摄论》等有摸象之喻，即明不了此识以成妄执，广见经论，兹不烦出。今就大乘建立此阿陀那识文中，有因翻译之讹，或以解释之误，至成种种谬计，特一明之。

甲、北魏时菩提流支译世亲之《华严十地经》论等，依之立地论宗。此宗中或因阿陀那有执持义，误传此为第七执我之识。不知阿陀那之执持，乃持种及根等不失之意，与第七识执我之执不同。误阿陀那为第七识，其谬孰甚！谬种流传，沿袭成典，天台诸籍，往往见引。因经前辈大德承用，后世学者是非莫决。知其出于传译之讹，则其疑可袪矣。

乙、地论宗尚有执第八识为纯净之识，以染污专属前七识；转识成智，乃灭前七之染污识成为第八之纯净也。迄今犹有承袭此谬，流传为灭前七识或前六识等口头禅者，亟须揭破。诸佛菩萨之根本智亲证真如，甚深甚细，言思泯绝；所谓第一峰头，不容话会者也，第二峰头，略可商量。诸法缘起（法界缘起、阿陀那缘起等）皆在后得智上施设安立。如来第八纯净，菩萨以还，第八皆未离染；若云第八纯净，则一切杂染法缘起皆不得成。若谓前七是染,故可成立,亦不应理,前七转识不能执持诸法种故,诸法无种不得生故,计无因生非佛子故。复次,诸佛四智亦不得成,灭前七染成第八净,则无妙观察智等故。由是种种道理,如来以外,第八非净;原是无覆无记,理善安立。

丙、真谛三藏立庵摩罗为第九识,第八为染净和合识,前七为染污识,转染成净,以灭前七染及第八染分,其净分成为第九识;其实,不过舍第八识之杂染分,圆证其清净分而已,并不是全灭其体而别有一识为第九也。此种错谬,或因翻译错谬,或因译人在梵文上本不深知其义,如今日之有名学者,译传明清间唯识典籍于外国,错谬重重,以人为重,袭而用之,其实则出于误传也。近有调和此种谬传,别为古学今学;其实,古学是传释之错误,而唯识学原自一贯,本无古今。某君依《大乘庄严论》巧立唯识古学,谓真谛之第九识名,依真如立;然真如为识之体性,识实性故,假名为识,理亦可通,但不应以庵摩罗名。考《如来出现功德经》颂文,庵摩罗固以名清净第八,不以指真如及可别名为第九也。故不如依《楞伽》真相识为第九,以《楞伽》之真相即真如故。真谛以庵摩罗为第九,则不是用遍一切法之平等真如性为第九,乃是别指第八净分以为第九,故不宜也。《摩诃衍释论》有十识,庵摩罗为第九,坚实心为第十,亦依第八识净分假施设为第九,及依真如假施设为第十而已。某君引《佛地经论》解《功德经》颂,以大圆镜为净第八,而与第九庵摩识相应。然按颂文并不如此,颂曰:"如来无垢识,是净无漏界;解脱一切障,圆镜智相应。"此如来无垢识即通指净第八心心所聚,圆镜智即此识相应之智,以净第八已得解脱一切障故,与智相应。智相应者,实是净识及善心等,智增胜故。《佛地经论》通合净第八心心所说为大圆镜心，非谓与真如或第九识相应也。

七、立宗

唯识宗之特胜点，即在第八识，明此阿陀那识，即自明一切法唯识；故本论以明一切法唯识为宗。复可以此因成立一切法如幻宗，以皆唯识现故；依第八识建立唯识宗义，广如《摄大乘》《成唯识》等论明。

八、显用

若依遍计所执之我法而说，则唯有遮破而已。我法执尽，即证菩提，如般若、三论等，无有一法可立。然智劣者则堕空执，即不能通达于诸法实相，或如禅宗诸祖，单提根本智证，要悟就悟，不悟则不别为权巧开示，亦失菩萨度生方便。贤首等宗如来智境，阔谈圆妙，流于玄虚。本论胜用，则在先明阿陀那识，识通圣凡，在人即人，直指人心以为发明，即就此识显一切法，使不堕损减执；以一切法唯识故，皆如幻如化，亦不起增益执。二执遮破，悟入非空非有之唯识性，是为本论大用所在。（十四年十一月在东亚佛教大会教义研究部提出，会觉记）

（《海潮音》第6卷第12期）

能知的地位差别上之所知诸法

一、引言

今年本定上期讲《成唯识论》，因各处弘法因缘之牵涉，遂尔搁置。不能在此为大众常讲，殊觉不怿。虽然，善因法师及化声讲师所讲，亦多是佛学院学课中重要之课。如《摄大乘论》，亦为成立唯识论道理之要典；三论亦与唯识义理相贯通，以空后方能显诸法唯识如幻故。吾虽未讲，亦如闻吾之言。且善因法师与化声讲师所讲者，时间宽裕，必能真切详尽，而吾此暂来少时，实不能详讲经论，只提其大要以言之耳！

今此讲题，曾于南京法相大学及上海国民大学讲过二次，当时未有人记录，今再提出重讲于此，亦可为讲唯识论之总纲也。

二、吾人的能知上所知之天地人物

现在且言本题，于此先分能所二知来说，然后合说。所知中复先说所知义，次所知诸法。此所知一名，与常言烦恼障、所知障之所知二字相等，即为能知所缘之境，亦即种种诸法，故所知包一切法。能知虽与所知相对，然能知亦包于所知内，以能知法亦是所可知之境故。所知诸法者，如《百法明门论》，观于百法，则百法为所知，观为能知，故所知诸法范围甚宽。此连上能知的地位差别上之所知诸法读之，即显所知诸法都非离能知而有彼所知可单独存在，常人思想上如见此桌，即知其为桌，故名曰此桌也，若不知其为桌，而尚谓桌物仍然存在，其孰能证知？故桌物之存在，即存在能知上，此桌之能知无故，所知之桌亦无。在能知地位上有差别，则所知亦随异，不可谓在此差别地位上所知诸法，亦不同此，其大意如是。喻如眼见讲桌，平常见之大概无异，或者平常眼识变更，则见此桌亦异其物，如现在人以 X 光窥物，则所见不同平常，再用显微镜窥物，又大异乎 X 光之所窥见者。即此 X 光、显微镜所显之物，固已大异乎吾人平常眼识之所知者，天眼、慧眼更可比而知矣。盖以吾人同类业报上所感之真异熟识上之异熟生眼识，以同类故乃相类似，然亦已有许多之参差不齐。若乎天趣之天眼，直可以透视而无碍；其他傍生、饿鬼所见，由其所感业报之根识不同，而所见者亦递有等差。是以能知之地位如何，可确定其所知为何法也。对此大意已竟，以下分开来研究。

比如我们人类，有四大部洲之不同，十方世间之分别，兹姑不论。而就共业所感一地球上之人类言之，其能知上由五根发五识见闻觉知，在五根对境发识之时，复有同时意识上所变缘之名字言语。仰观俯察，盈天地间所有同类之人、异类之物，此皆吾人见闻之所觉知到者。在吾人意识上所有观念思想之深浅虽不同，而依五根所发之五识大概相同也。有人于此，为常人之眼根所不能见者而此则能见，常人之眼根所能见者而此则不能见，则成为病态的眼根识矣。此人类五根发五识之见、闻、觉、知，其限量大抵如是。人类意识上虽有种种推想思惟不同，大都摄持人类相同之五根上所发之五识以为依据，唯其人类有相同之限度（中外人见、闻、觉、知如是，傍生、鬼、修罗等在其同类亦如是），以所得之异熟识体大概相似。因此能知同故，所知天地人物亦大致相似，遂迷执为实在，误认离能知之心识实有物质存在，于此展转贪著，造业受生。盖凡感受得一种异熟业果，即落在此业果范围之内，堕在天趣则为天趣能知所限，堕在人趣则为人趣能知所限，堕在余趣则为余趣各各业果能知之所限。如五趣有情各观恒河之水，于饿鬼中见之则为脓血，人则见之为水；而人不能见为脓血、鬼不能见之为水者，何也？亦良由能知不同而所知随异耳。此第就业果识上讲，而人之所以迷为实在、执为实有不变者，其根本即无明是也。无明亦称为愚，约有二种：一曰真实义愚，二曰异熟果愚。其异熟果，异则见为异，同则见为同，所以人等迷执于不知不觉之中而不悟也。当知吾人所见天地人物，以及天文中之日月星宿，地理上之山河草木，人事上之语言风俗，器世间之形形色色，是皆人类见闻觉知到者、思想到者。然以之与诸天及三乘圣者论齐一，则不可也。何哉？以有何类能知，方现何类所知法，此类能知无故，即此类所知亦无。吾人凭五根识以见闻觉知此人间世，加以语言文字及观察思惟考虑之所知者，遂以为天地人物必定如何如何，不知实由其能知之如何如何而来也。佛法随俗解释，随人类见闻觉知、语言思虑之所及者以为准，乃说为如何如何，使其能缘之智应所知之量而得了然于心，此盖随情强说而已。

若依佛菩萨智慧上之所知境以立言，则其实全无此事，故如恒河之水，在饿鬼之业识上全无此水；人类虽见为水，而以天人所见之琉璃衡之，亦全无其事；天人虽见为琉璃，而在佛菩萨慧眼观之，则唯是虚空真如耳！以故"观自在菩萨行深般若时照见五蕴皆空"，其语为有证也。夫世间不外五蕴和合，而菩萨观为空无所有，则何处更有天地人物！若从此处了知，则知吾人所知之天地人物、宇宙万有，皆业报所感五根识之能知与人类言语思想意识之能知大致相似，乃觉知了解到之天地人物、宇宙万有，亦大致相似，不致颠迷错觉。并能了知人类意识上之能知无时，则天地人物、宇宙万有，亦可刹那消殒。此中有教可以引证，《深密经》慈氏问释尊云："世尊！若彼所行影像即与此心无有异者，云何此心还见此心？""善男子！此中无有少法能见少法！然即此心如是生时即有如是影像显现。"换言之，即但有如是能知即有如是所知，此能知无故，则此所知之法亦无。关于意识上之观念起伏，常人易于了知，其不易了知者，即业所感之异熟果。是故吾人之所知一切诸法，皆不出真异熟识及此真异熟识所生之五根识等，此若无时，余亦随灭。是故吾人之异熟报舍时，人类所知之一切诸法，亦皆随之消殒；一人如此，一切人亦莫不如此。上来就吾人通常之能知地位上，有此所知天地人物之异。至若修真习禅之士，如得色界禅定，其定心上之所见，已非人间世天地万有，彼修得者全异报得。又修得神通者，其先不能知者至此能知，其先不能通者至此能通行无碍矣。良以报得之五根识限量至此已为打破，而另得一能知之地位，故所知亦即不同。就人类加以修证，已为变移莫测，可知吾人同见之天地万物，由人类能知之类似而决定，理非虚谬。

三、五趣有情各类能知上所知之宇宙

五趣有情，通摄三界。五趣即天道、傍生、饿鬼、地狱及人道是。三界即欲界、色界、无色界是。天趣通欲、色、无色三界。欲界包天人等五趣，故天、人、畜、鬼、狱五趣皆为欲界有情。而一趣内亦各有其差别，就天而论，其在无色界者为四空天，与欲色界之六欲天、四禅天不同，故三界又分九地。天既有欲、色、无色之分，人亦有四大洲中各类之不同。若细分之，色界天更有初禅三天、二禅三天、三禅三天、四禅九天之等差，人有四洲种类之分别。前节第就人趣立言，此节扩充论点，概论三界五趣，而其有情各类地位之差别已如上说之庞杂。若更为细密之观察，则同一无色界天，有空无边处、识无边处等之别异；同一人趣，有转轮圣王及梵志等之不同；《瑜伽师地论》析九有、二十五有为六十二有，犹未足语其细微。其在傍生，则有所谓二足、多足等动物，飞潜蠕动等族类；饿鬼有上中下之品类，大福德大威力之鬼趣即为修罗、罗刹、夜叉等；地狱亦有八寒、八热、中边、无间、孤独等异。求其所以致此天地升沉之悬殊，福乐罪苦之感受，乃由善恶业招别别之异熟识，能知的地位有差别而所知之诸法亦随异也。色界、无色界离人类渐远，无大关系，唯欲界天趣等有情，与人趣界系相同，关系亦随之密切。人类之业报未失时，其与人类之关系亦纠缠不断。虽有此相互密切之关系，以成其共业所感之依报（各各赖耶识中有共相移变之器世间），还互相共同受用；然亦各类各类相参差以营其殊异之业用，此实由各各异熟识各变而末由强同也。是故蚁命虽微，黄黑异族，鸢鹏同飞，远近殊方，斯盖以类相别也。若就其五根所发之五识以相测度，则在同类未尝不同，斯又何哉？则其相等业力所感之相类异熟果，固大致类似也。夫惟如是，故五趣有情，各类能知上之所知者亦即其各类宇宙万有也。傍生如是，余可类推。此就报得之异熟赖耶识内变根身、外变器界之昭示者，已若是之不可揣拟，是则有情所知之宇宙万有，岂非如幻如梦乎？就人类范围内而观察万有以为同一实在，若就异类而观之，则即知其不如是也。

以现代哲学家心目中之宇宙观而论，亦多能看破此层，盖吾人所谓广宇悠宙，亦不过一刹一刹时间念之相续，与夫一点一点微尘相之和集，实则无所谓宇宙万物之存在也。庄子有言：人见毛嫱、西施为美，"鱼见之则深入，鸟见之则高飞"。又人以为美味盛馔，安知异类不为恶露奇污哉！故曰："海中飞来大鸟，人以为祥，备大牢三牲祭之，鸟忧以死。"可见人以为美，异类未必以为美也。经论上亦常说恒河之喻，人见为水，天见为琉璃，鬼见为猛火、脓血，水族处之如人处空气中、鸟飞天上，不自知其在河也。是故一类一类之业报不同而所知全异，亦复如是。夫人见水执水为实，在天见为琉璃执琉璃为实，在鬼见脓血猛火又执血等为实在，然则果谁何为实在哉？是故吾所见虽非全无，而亦未可遽执为实在，而于此可以悟知"三界惟心，万法唯识"之义矣。唯识所变，故宇宙为幻有也。常人入火则烧，而有异类能在火中生活；有神通者入火不焚，身心不觉其热。所以者何？由其能知异也。诸所知法不离能知，此理诚不易悟，若从五趣有情各类业报之不同而交互参究，则此理复易明白。虽各趣有情中之同类者，亦可见其所知随能知以相殊之宇宙观也。

四、三乘共慧之所知蕴等

三乘共慧，即三乘共般若，与大乘不共般若异也。共般若为悟生空、人无我之慧，乃佛菩萨、辟支、声闻之所共同者；不共般若为悟法空、法无我之智，非二乘之所共有者。其在三乘共慧上一味平等，盖非有高低大小之不同也。各类所知不同，在人类中以有圣教传承，大概可以推知，若傍生等则否；又人或能推知畜而畜不能推知人；又若人类不易推知天道而诸天则能推知人道。复次，二乘于天，则亦如天之能知于人；反之，人天则难了知二乘。佛于菩萨，菩萨之于二乘，亦复如是。此种以上智而能知下愚之能知，则为随他类能知之所知而知者，非圣者自证智之所知境也。在三乘圣人、大乘菩萨各有其自证智之所知境，非是随他之所知可比；其随他五趣等之所知而知者，则世俗智也。是故三乘圣人自证智之所知，其所知行相为何，迥非吾人凡愚之所能知；而吾人所知之天地万有等，亦绝非三乘共慧之证智的所知境也。在三乘共慧之证智境，实无天地万物，唯是五蕴、十二处、十八界等诸法耳，非常人所见一个一个之天地万物也。若人能同此证知，即为得生空人无我之般若智者。

在此三乘共慧现前，则其在人类平常能知上之所知如何，此时大非原形。所谓"虚空粉碎，大地平沉"，只是蕴等诸法，所谓唯蕴无我是也。所以三乘圣者于斯时也，第见五蕴、十二处、十八界等而已！此出世净智之所证者，非凡夫境界之所能实知到也。其所见之蕴等和合之假集合物，譬如阳焰，远疑为水，走近则无所见，唯有蒸气而已，此亦如是。凡夫见为天地人物，圣者第见蕴等不见人物。常言五蕴皆空，四大非有，此理未免高深，难以了知；故必三乘亲证唯是蕴等，方可进蕴等亦空耳。但所谓五蕴和合假，此虽三乘证得者，然非与恒人所知者异物也，乃即于吾人所知之天地人物见为惟是蕴等。故三乘所证者，实与吾人所见者同物，不过能证之慧有异，而所知诸法不同耳！比如分明红颜如画之美人，若以 X 光视之。则见白骨一具，而常人眼目中固一姣好美人也。所对者一，而以能见地位差别，其所见立异其趣，可深长思矣！至于生空人无我之境界，要圣智现前方能见到，吾人无能证知也；有之，唯修证可得。此所以鬼见恒河为血，人见恒河为水，天见恒河为琉璃也。其一得报同则所见亦同，如人类同见为水，鬼趣同见为血之类也。得报异则所见亦异，如上可知。

其一则修得通智者，未得通智时见为水，固无异乎恒人之所见也。一旦得通，则彻视无碍，或见为莲花藏海，或见为琉璃，迥异常见矣。总之，无论修得、报得，要必改转吾人向来能知之心，然后易其境也。若人对于五阴等法，欲如实了知非有，要依种种法门修习禅定，观照纯熟，得证三乘真无漏慧。自然如人饮水，冷暖自知，正所谓有如是心起，即有如是境现前也。

五、大乘根本智之现证真如

大乘者，唯此一乘，更无余乘，然不共二乘。就因位为菩萨乘，就果位为佛乘，而通因位与果位名大乘。果上不可施设、不可安立，要依因显果，所以华严以普贤行海显毗卢果海。故此亦以因位上初地菩萨之根本智，以显果位及上地菩萨。根本智，即证真如之智。以真如为一切法之根本故，而真如亦即一切法之真实相，故根本智亦可云真实智。亦云如理者，以根本智乃如如空所显之真理故。如量智，则为证真如后变缘诸法之后得智，由能缘心所变变相真如及相分诸法，非诸法根本之无相真如。所以《八识规矩颂》之五识云"变相观空唯后得"。在根本智上所谓现证真如，异于别种就能知心之见分、自证分、证自证分三种之心量上变缘所知相分。能缘心变所缘相亦随变，如镜照像，像由镜光中变现而影像显于镜光之中，若镜中影像不现则全镜光但显清明镜体；根本智证真如，亦复如是。复次，在别种心上，比方如手拿物，证真如心如手不拿物，如镜不照像。故证真如必唯此一无所得之根本慧。大乘重要者，即在得此根本智也。若人得此智即为大乘圣位菩萨与佛，若未得此智则为二乘及五趣有情之未证真如者。

然则如何而方得此智耶？曰惟修二空观可得，修此二观又重在法空。前言生空、人无我乃三乘之所共者，此则修法空法无我观。修法空观有得，自然具足生空、人无我智，初伏二障至分别所起我法二执断，俱生二障亦随断一分，如秤低昂同时，由法空观断除法执而得根本智。在根本智现在前时，即证真如实体，离一切相即一切法，亦无能证所证。然当其亲证真如时，非离天地万物外别有真如法，即于常人所知之天地万物如实证得其真实常如之妙体，消失万有之幻相，体即真如。在根本智不现在前时，虽言真如实为名言假相，要待根本智现前方亲证真如，离相绝名。又所谓真如者，非与万法对立之另一法也，即此万法离相之体即是真如，或有执法外有真如者，非也。若根本智常现在前是为真如，不现在前即是五趣有情二乘等心，或菩萨后得智与有漏心之所缘境。彼为余心所障,不能证得离相真如,是以生诸差别;一旦根本智现前,本来常恒不变清净之体,得以全露。又此智现时,非有诸法相对之种种可得,在别种心上有能缘所缘、能现所现,在证真如心上了无能所,由此当能了知法性真如之义矣。此从言教上讲明真如,乃假设名相,如以指指月。此以真如名相之诠指,指佛菩萨根本智所证离言真如之真月,是以真如不能离根本智现在前时,妄计另有真如实法。彼计一切未有之前,一切既无之后另有真如者,皆非也。在大乘根本智地位上一切全是真如,无有少法非真如者,所谓离分别,绝思虑,不可施设,不可安立。

六、大乘后得智之唯识如幻诸法

云何为后得智?要先得根本智,断分别我法执所起二障及俱生一分,方能如实证得根本智,由此转起能知所知圣凡因果等差别心境,始成后得智。大乘后得智,在入初欢喜地时第一刹那引起后得智。初地见道位有二:一曰真见道,即第一刹那根本智现前亲证真如;二曰相见道,即第二刹那仿照前根本智所证真如,变似真如相及种种业果无量差别诸法,在此后得智上,方有佛、有法、有净土、有众生种种差别可说。若未得根本智以前,带有我执法执,执心外圣凡差别诸法;此已离执证如,显一切法唯识所现,如幻不实,虽如幻不实而有种种差别诸法,各各不相互混杂。各有不同之地位现不同之诸法,各有种子所起现行与现行所熏种子之不同,在大乘后得智上,方能证明诸法如幻、唯识所现之真义。若细说明,非一语可尽,即唯识宗诸法唯识之道理也。此义在幻有上为赖耶所现，眼得之而为色，耳遇之而为声，乃至意得之而为法等，无非此识之所变现也。唯识所现，如幻不定，在未得根本智以前，徒依名言意想并非事实上亲证；所谓无征不信，语良不诬。

七、佛智之圆融法界

佛之如实境界，唯佛与佛方能了知，故只能就因上加以说明。若就果上言，则不可说不可说也。明佛果智之不同菩萨者，菩萨后得智变似万法，前一刹那根本智现时，非后得智，后一刹那后得智现时，亦非根本智，佛智则无如此区别。以佛为遍知，无一刹那不亲证真如，亦无一刹那而不遍知诸法，故佛号为正遍觉者。以同时圆融故，没有无诸法相之根本智真如可指，亦没有有诸法相之后得智诸法可说也。性相之分，亦由能证之智而异，根本智所证者为法性，后得智所证者为法相，而佛智则无法性与法相条然之区别可得；故在佛之自证能知上，其所知者唯可强名曰圆融法界而已！无差别可说，亦无无差别可得。古德杜顺和尚有偈云："青州牛吃草，益州马腹胀，天下觅医人，灸猪左膊上。"傅大士有偈云："空手把锄头，步行骑水牛，人从桥上过，桥流水不流。"亦谓此也。由此观之，则所谓法性法相者，唯在俗谛有言可说，若至圆明佛智，实无法可说，无佛可见，亦无能所可得也。然世有所谓见佛身闻佛法者，亦唯在菩萨二乘凡夫心上变现；在佛果上毕竟无可见相，无可置说，亦无所得也。唯识如幻诸法，有此诸差别地位之不同，故说由其能知之深浅高下不同而有所知之诸法不同。

八、结论

上来所讲，依大乘圣教分三宗，第五第六即大乘之性相。以大乘依根本智证真如，即谓法性；而此法性，由已空我法分别之无分别慧所证得者，实无一法可立，于此即遮一切。一切皆非，故第五可名法性空慧宗，以能空我法分别之慧为宗也。第六法相唯识宗，唯识如幻，种种法相是。第七段于言教上安立，可谓法界净智宗，以圆融法界唯佛智证得故。

在中国向来流行之大乘法教上言，大略如此。由能知地位之差别而现所知诸法，就安立施设，虽分三种；广义言之，可统名"法相唯识宗"。何以故？所知诸法，不离能知故，能知即心心所故。然则由上六条言之，岂非真能成立诸法唯识乎？岂非真能显示诸法如幻乎？凡言说所安立，皆不能离此诸法唯识等，离能知而欲明所知法，必不可得也。又此所知法可言皆不能成立，种种法相一切皆非，以皆依能知上而现所知差别故，由此义言，亦可统名"法性空慧宗"，一切皆非，一切皆空故。合此前来二种言之，则一切皆是，一切皆非，盖除却能知地位差别以言，则五趣宇宙与三乘诸蕴可言即大乘所知根本真如，又此真如亦可言即佛智之圆融法界，而佛智之圆融法界亦即吾人现前所知之天地人物，一切皆是而同时一切皆非，亦可统名"法界净智宗"。此所言大意，即明大乘佛法之总要也。以此观察，可得大乘佛法上之概略，亦一以简御繁之一法门欤！诸生其自勉于广大深微之佛法藏耳！（十五年初夏在佛学院讲，善长记）

《海潮音》第7卷第2期）

四大种之研究

一、佛典地水火风之四大种
与通俗所谓地水火风，有何区别？

四大种，即坚、湿、暖、动之四性。种，乃能生义，大，乃普遍义；四大种者，谓具大种二义者，唯有此四。因地、水、火、风、空、识之六界，空则大而非种，识则非大非种，余种子等则种而非大故。此四大种，即四件普遍能生一切色法之物，乃带数持业释也。又，此四大种体相用均大，故称大种。体大者，谓四大种普遍于一切所造色，又为一切所造色之所依。相大者，谓坚之增盛则成金石之刚劲，湿之增盛则成江海之汪洋，暖之增盛则成炉焰之炽燃，动之增盛则成飓飙之猛暴。用大者，谓坚有承载覆压之功，湿有融摄腐朽之能，暖有成热烧毁之效，动有增长摧败之力。又四相互摄，地大内有水、火、风，水大内有地、火、风，火大内有地、水、风，风大内有地、水、火。其言地大、水大者，乃就其偏盛者而言也。此四大种既但坚、湿、暖、动，非显形色，身根所触，眼识弗见，仿佛儒家阴阳、科学质力，故与通俗所称之地水火风迥异。通俗所称之地、水、火、风，乃四大种所造显形色等

（地具色、香、味、触四尘，水具色、味，触三尘，火具色、触二尘，风具触一尘）为眼等识所缘之境，与只为身识所缘非显形色之四大种，大有区别也。

二、四大种是种子是现行？若是现行，云何名种？

四大种是第八识中所藏四大种之种子所发之现行，其所以称为种者，因四大种有切要殊胜助生根尘等所造色之功能，故假名种。实则色、香等所造色，各有自种子含藏于第八识为能生亲因，但须四大种种子发现为四大种后，诸所造色种子藉其资助，始得生起诸所造色，否则不生。因其对于所造色之生有亲切增上之关系，故假说为种耳。

三、四大种为何识所缘？

色法但为所缘，心心所法通能所缘。大种、造色均为色法，俱时而有，两不相离。然四大种唯触非余，故为赖耶、意识、身识所缘。云何为赖耶所缘耶？此识缘境有其三类：曰一切种，曰有根身，曰器世间，总称第八之执受处。执受各具二义，执二义者：一、摄为自体义，二、持令不坏义。受二义者：一、领以为境义，二、令生觉受义。第八缘一切种有执之二义，及受之领以为境义。第八缘有根身，则四义俱备；有根身大种之所造，不离大种，故大种亦为其所缘。第八缘器世间有执之执令不坏及受之领以为境二义；器世间亦为大种所造，故亦为赖耶之所缘。

云何意识所缘？此意作用力强，能遍缘十八界及三世有无诸法。虽然,意识缘境,有其二种:一、同时意识缘境,谓与前五识俱时而了别色等诸法。二、独头意识缘境,谓不与前五俱起而独缘一切诸法。故此四大种既为身识同时意识所缘,其名义相又为独头意识所缘。

云何身识所缘?身识缘触,此四大种是触一分,故知四大种为身识所缘。

四、四大种之大类区别有几?

曰:大类析之,可分为二:一者,有执受四大种,二者,非执受四大种。云何有执受四大种?谓异熟识不共相种熏习成熟所起,能造一切凡圣色根及根依处者,是为内四大种。凡圣有情执持为体,令生觉受,故云有执受大种。云何非执受四大种?谓异熟识中共相种熏习成熟所起,能造大地山河草木丛林器世间者,是为外四大种。凡圣有情领以为境,不执为体令生觉受,故云非执受四大种。问:有情各有八识,其所变之相,胡无差别而相同耶?曰:众生虽各有八识,所变有异,然以其同业感故,所以所变之相相似。论云"如众灯明,各遍似一",斯言诚可释此疑也!

五、身意二识所缘之四大种,
有大小久暂之限量,赖耶所缘亦如是否?

第八识所变缘者,即有根身、种子、器世间是也。前五所变缘者,托第八所变缘之一分为本质而变缘也。第六识所变缘者,托前五尘而变缘一切诸法也。欲穷三识变缘不同,当研三境与本质相分之关系；故略表于左：

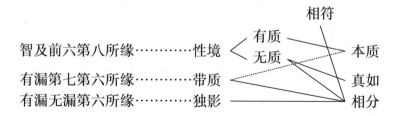

智及前六第八所缘⋯⋯⋯⋯性境 ⟨ 有质
无质

相符

本质
真如
相分

有漏第七第六所缘⋯⋯⋯⋯带质

有漏无漏第六所缘⋯⋯⋯⋯独影

前五识所缘者，有质之性境也，即是色、声、香、味、触之五尘，此五尘是五识之相分，乃托赖耶所变缘为本质而现；然所缘相分与本质相符，故为性境。但相符亦就其变缘之一刹那点以言耳，非能与第八所变缘身器之体相悉符也。诸身器聚各自成系，能造为四大种，所造为各身器；在有根身即为有执受大种，在器世间即为非执受大种。第八所缘深广微细，难可测知，以吾人无无漏清净慧故，故能所缘皆非所知。金刚心后大圆镜智相应，方可了知，即为事事无碍之境。故身、意识所缘，不能与赖耶所缘适如其量。

然身识所变缘与第八不同者，以身识所缘是五尘分隔之一相分，此一虽与第八本质相符，然色之一分，是眼识所缘，不为他识所缘，身识缘触，亦复如是；喻如生盲摸象，耳、鼻、脊、腹各取一分，虽第知一分，而此一分确是象上之一分，故云相符。盲者若以触知一分执为是象，则妄矣！前五识所缘之一分，符本质境，第六增益认为一物，则成似带质境，堕俱生分别之我法执。故身识所变缘是各别间隔，第八所变缘则是融通交遍。

身识缘触有觉不觉之差，全不全之别，然此非身识自变独有，乃托第八之一分为本质变为相分触而缘也。故身识不缘时，第八恒缘，以第八所变之器界不可测故。第八所缘之量，与身识所缘之量，于现器界中尚不能等，况第八尤能变缘十方器界耶？由此观之，前五所变缘者，是条然有别之五系——见不出色，耳不超声；第八变缘者，乃交遍之一一总系也。然非第六七识法我见所执之一一我法体，五识所缘五尘，为第六识取而别组为一系，第六恒缘，则似带质境也。此境虽似托本质，而实不符本质，意识所缘之和合相，如死物而固定，第八则活动且交遍涉入。以其顿起顿灭、顿变顿缘，刹那刹那，由种而现，由现而种，非染识可知。因其在刹那上变缘不可说，在变缘相续上亦不可说，说为生灭者，以前刹那顿灭之相，不同后刹那顿生之相故。然身器相续不坏者何耶？以有业为统系之力；此统系力令其续续生灭，相似相续，故有身器之和合相存在。然此和合相续相，乃刹那恒变，法界交遍者也。故非吾人现前意识所取之相。

然此刹那相续之相，虽地上菩萨亦不能确知，有知亦是比知者也。故第八识之境，即事事无碍之法界，斯法界至佛智方可如量证明。由斯异生第八识刹那生灭所变缘之诸法自体相，亦即佛果上之海印三昧境界，亦即佛之法界无障碍智境也。然似带质境，即意识综合前五识上所缘一分变为自识（第六所缘之相分也），此境不符第八变缘之境，故非实有。然吾人现见之个个天地人物等相，即是此第六变缘之带质境。近世西人科学方法，依前五识所缘五尘，在直接感觉上用第六意识之计度分别，从经验中求万有之实体；然只得意识所变缘之似带质境，及比量计度之独影境而已，何能了达第八识变缘之器界全体，有根通身，刹那生灭，现量亲缘之实境哉！故欲知现实之真相，亦非成佛不可。

然则凡夫日为烦恼、所知二障缠覆，如何能了第八之微细境相耶？佛说三藏，无非为此大事而已。然佛法无际，若不舍繁取简，将茫然无从矣！夫净慧之发，由于止观，故欲知赖耶真相，非先修止观不可。初修之时，当先以正比量智，遣除第六识上之遍计谬执，染执既遣，净慧自生，以真智慧渐除诸微细障，一地二地及至金刚心后异熟空时，则万有之真境豁然开朗，显现于大圆镜中矣，故是现量。此即从华严之理法界观，及天台三观之空观入手者。禅宗之参话头，不涉解路，欲从前六及第八之现量上顿得相应，无阶级可由，颇难契入。能究唯识之教，直观吾人现行赖耶心相，本为事事无碍之佛智境，则顿依佛慧圆观实相矣。学者于是当精进焉！（十三年下学期在武昌佛学院讲，研究员记，法芳编）